当代中国金银纪念币欣赏与投资

杜建生　主编

ZHEJIANG UNIVERSITY PRESS
浙江大学出版社

内容简介

本书为高校《当代中国金银纪念币欣赏与投资》公选课程而编著。内容涉及中国金银纪念币的发展历程，中国金银纪念币的基本知识，当代中国金银纪念币的欣赏，中国金银纪念币的投资策略等。书中通过对当代中国金银纪念币的欣赏来展现中国五千年的文明历史和源远流长的传统文化，从而扩展读者的知识面和视野、增强文化素质修养；通过了解和认识当代中国金银纪念币的鉴赏价值来培养新的投资理念。

本书除作为高校公选课选用教材外，也可作为金融财经工作者、中产阶层人士、收藏投资爱好者等参阅，对在校大学生、高中生也可用作课外兴趣读物。

图书在版编目（CIP）数据

当代中国金银纪念币欣赏与投资 / 杜建生主编. —
杭州：浙江大学出版社，2012. 9（2021.8重印）
  ISBN 978-7-308-10507-1

  Ⅰ. ①当… Ⅱ. ①杜… Ⅲ. ①纪念币-鉴赏-中国②
纪念币-投资-中国 Ⅳ. ①F832.48

  中国版本图书馆 CIP 数据核字（2012）第 207467 号

当代中国金银纪念币欣赏与投资

杜建生 主编

责任编辑	汪荣丽
封面设计	黄晓意
出版发行	浙江大学出版社
	（杭州市天目山路 148 号　邮政编码 310007）
	（网址：http：//www.zjupress.com）
排　　版	浙江时代出版服务有限公司
印　　刷	广东虎彩云印刷有限公司绍兴分公司
开　　本	787mm×1092mm　1/16
印　　张	12.75
字　　数	285 千
版 印 次	2012年9月第1版　2021年8月第6次印刷
书　　号	ISBN 978-7-308-10507-1
定　　价	59.00元

前 言

2011年9月，首次在高等院校作为公选课的"当代中国金银纪念币欣赏与投资"在浙江大学城市学院正式开课。

"当代中国金银纪念币欣赏与投资"课程是为在校各年级各专业大学生开设的一门人文社科类的公共选修课程。课程内容涉及中国金银纪念币的发展概况，中国金银纪念币的基本知识，当代中国金银纪念币的欣赏，中国金银纪念币的投资及策略等内容。通过该课程的学习，让大学生了解中国金银纪念币的发展历程，通过对当代中国金银纪念币的欣赏来传播和展现我国五千年的文明历史和源远流长的传统文化，领悟金币文化的深厚内涵，从而扩展学生的知识面和视野、增强学生的文化素质修养，通过了解和认识当代中国金银纪念币的鉴赏价值来培养学生的投资理念。

"当代中国金银纪念币欣赏与投资"课程在高等院校作为大学生的公选课尚属首次，也正值我国推动社会主义文化大发展大繁荣、建设社会主义文化强国的时期，提出建设社会主义文化强国的战略目标是立足我国深厚的文化底蕴和丰富的文化资源，我国是一个有着五千年悠久历史的文明古国，源远流长、博大精深的中华文化为中华民族生生不息、发展壮大提供了丰厚滋养，也为人类文明进步作出了独特贡献。当代中国金银纪念币弘扬先进文化，于方寸之间铭刻中华民族的璀璨文明，让当代中国金银纪念币文化知识走进高等学府，让更多的青年大学生们对金币文化有所了解、认识、鉴赏和参与，从而获取有益的精神文明。

"当代中国金银纪念币欣赏与投资"课程开设的意义符合社会主义文化强国建设的需求，让我们脚踏实地，扎实工作，通过增强文化吸引力、文化传播力等多种途径去逐步实现这一目标。

当前社会各界人士，尤其是在校大学生，大多数对中国金银纪念币的知识认知甚少，因此本书在内容编排设计中，把对当代中国金银纪念币的欣赏作为核心内容，并围绕它来讲解金银纪念币的基本知识、文化内涵和艺术价值。本书是在前两轮教学讲稿的基础上修改而成的。

"当代中国金银纪念币欣赏与投资"课程在前期各项教学工作的策划准备中，得到了浙江大学本科教学部、浙江大学城市学院教务部、浙江大学城市学院计算分院、中国人民银行中国金币总公司、中国金币特许零售商浙江省金银饰品经销公司和杭州礼品城金河工艺品商行等部门的支持和协助，在此表示感谢！尤其对大力支持，参与教学实践，提供实践环境的浙江省金银饰品经销公司表示衷心感谢！

另外，对周家洪先生、刘欣女士、杨家正先生和胡民强先生等友人的热情支持和帮助表示真诚感谢！

最后，也感谢妻子、儿子和家人的鼎力相助！

由于编者水平有限，书中内容考虑不全，编排不尽合理，存在的不足之处，恳请各位专家学者指正，便于今后补充修改完善。

杜建生

2012年7月 于杭州

谈古论"金"，规划金色人生
——金银币知识大讲堂走进浙江大学

　　由中国金币总公司、浙江大学和浙江大学城市学院等联合举办的"谈古论'金'，规划金色人生"——金银币知识大讲堂进浙大活动，于2012年5月22日晚在浙江大学紫金港校区临水报告厅举行。来自浙江大学各校区和选修"当代中国金银纪念币欣赏与投资"课程的城市学院学生、教师等300余人参加了本次活动。该活动从2009年开始，每年举办一次，历年曾在北京各著名高校举办，在浙江大学举办实属首次。

　　本次活动首先由浙江大学宣传部沈部长致词，接着由开设"当代中国金银纪念币欣赏与投资"课程的浙江大学城市学院杜建生老师作专题讲座。杜老师介绍了中国金银纪念币一些基本知识、各系列金银纪念币的欣赏、收藏投资金银纪念币的感悟和背后的故事，让人不得不感叹，小小金银币上竟有如此多的奥妙。最后，中国金币总公司董事长、浙江大学校友邵董事长进行现场互动访谈，他回答了学生们的各种提问并穿插抽奖活动，现场气氛活跃。随着最后特等奖的抽出，整个活动圆满结束。

活动期间，主办方还在浙江大学举办了当代中国金银纪念币展览，展出了熊猫金银币、生肖金银币、第29届奥林匹克运动会金银纪念币、北京国际邮票钱币博览会系列银币等金银币精品。

目　录

第 **1** 章

金银纪念币发展概况

本章知识点

◆钱币的含义及钱币学概况

◆贵金属货币起源与发展

◆中国金银纪念币的发展概况

第1节 中国钱币学概述

钱币，是各国各民族数千年文明发展所沉淀下来的文化精华之一，是人类创造活动的积累和历史发展的见证，是人类共同的物质精神财富。中国是世界上最早使用货币的国家之一，使用货币的历史长达五千年之久。中国货币在几千年的历史长河中，由"贝币"发展至现今的第五套人民币，这中间经历了漫长的各个历史时期。由于历史的演变，创造了近数万种之巨的货币（纸币和钱币）和多姿多彩的中国货币文化，并且形成一套有自己独特风格的体系。

1. 钱币的含义

钱币是货币和货币文化衍生物的总称，即"币"和"章"的合称。"中国钱币"自然应该包括中国所有的"钱币"。从大的概念来看，它应该包括两大方面：一是历史上的钱币，二是当代的钱币。它们的划分可以中华人民共和国成立为界，新中国成立以前的钱币，可以统称为历史上的钱币，也称之古钱币，它们的遗存被视为文物，是我国文物宝库的重要组成部分。新中国成立以后的钱币，也已经有半个多世纪的历史，其中有的已进入历史的行列，成为文物的一部分。

2. 钱币学定义

钱币学是从文化意义上对钱币开展研究的一门学科。其包括对钱币实物的研究，也包括对钱币实物内在所蕴藏的，或者说钱币背后所蕴含的非物质文化的研究。

3. 钱币学研究的宗旨

钱币学研究的宗旨是对古往今来的钱币做科学研究。首先要鉴定它们的真伪，对它们的历史价值、科学价值、艺术价值和社会意义做出符合实情的正确判定，在此基础上再开展相关非物质文化研究。从这个意义上讲，钱币鉴定是钱币学研究的基础，或者说是钱币学研究的基本功。

第2节　贵金属货币的起源与发展

原始社会末期，因交换的需要而出现了原始货币。原始货币经历了由家畜、农具等生产、生活用品，到贝、珠、玉等装饰品的漫长阶段。据史料记载，我国在夏商周时期就曾经将龟、贝、珠、玉、刀、布等当作一般等价物使用，也就是原始货币。

上古时期

青铜时代

春秋战国

秦汉时期

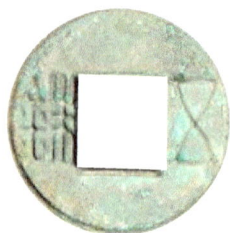
三国时期

资 料 卡 片

中华五千年文明

从盘古起，然后是三黄五帝，之后是大禹，然后夏朝开始。中国进入朝代划分的称谓：夏朝，商朝，西周，东周（春秋战国），秦朝两汉，三国，南北朝，隋唐五代和十国，宋朝，元朝，明朝和清朝。

距今约七千年的河姆渡遗址，其文明程度有力地证实中国的文明史在五千年以上。

之后，随着社会经济的发展和商业贸易的日益发达，市场货币需求量增大，作为交换媒介的天然产物显得供不应求。社会大分工的逐步实施促进了生产力的进一步提高，一般等价物逐渐过渡到金属。金、银等贵金属被发现后，由于其质地均匀、坚固耐用、价值相对稳定、便于切割、便于携带，成为最适于充当货币的商品。我国是世界上最早使用黄金的国家，在商代的墓葬中就曾发现用金叶制成的龙纹装饰品；到了春秋战国时期，金、银等贵金属开始进入货币领域，发展为重要货币之一。

由于受贵金属开采、冶炼技术的限制，很长一段时间，金、银等贵金属主要用于贵族之间的朝贡、赏赐、大额支付等。到唐宋时期，其使用才有了大发展，民间也开始使用，特别是金属银逐渐成为通货，宋代时期的银已用以表示物价，流行于社会；至明代中叶，银正式成为法定货币，确立了银两制度。后来随着西方货币和金融制度进入中国，银两逐渐被银铸币和银元所取代。

西方国家最早在公元前7世纪开始出现金银混合的金属币。在18世纪前，世界各国主要以一定重量与成色的白银作为本位货币，即银本位制。18世纪到19世纪初，西方国家货币进入金银复本位制时代。随着1816年英国颁布金本位法案，世界主要资本主义国家过渡到一个以黄金为基础的国际货币制度，即金本位制时代。此后的一个多世纪内，黄金作为世界货币活跃在经济流通领域和国际金融市场。

19世纪以来，随着社会对黄金货币需求量的不断加大和黄金在世界范围内分布与开采的极不平衡，第一次世界大战后金本位制宣告破产。随后，西方国家于1944年召开布雷顿森林会议，确立了以美元为兑换黄金的国际货币本位制度，黄金的货币地位开始动摇。1976年，国际货币基金组织通过牙买加协议，使黄金迈上了非货币化道路，金、银等贵金属逐渐退出货币流通领域，南非、加拿大等很多产金国家纷纷取消对个人拥有黄金的限制，并开始铸造用于人们任意购买的金条、金币等。自此，金、银等贵金属演变成纪念币和投资币进入集藏领域，承担起了纪念、收藏、投资等功能。

新中国成立后，为了更积极有效地运营国家的黄金、白银，实现增值创汇、积累外汇资金之功效，中国人民银行经国务院正式授权，于1979年对外发行贵金属纪念币。从1982年开始，中国人民银行又开始发行普制投资币——熊猫金币。截至目前，我国现代贵金属纪念币已发行15大系列，350多个项目，近2000多个品种，其中发售金币400多万盎司，银币3000多万盎司，成为世界贵金属纪念币的主要生产、发行国之一。

第3节　中国金银币发展史

早在商周时期的青铜铭文中，就已出现了"金"字，比如某位大臣征战有功，王"赐金五十"。这个"金"并不是现在的黄金，而是青铜，青铜器在刚刚铸造好时就是金色的。那时黄金的开采量极小，只能用作少量青铜器上的镶嵌装饰，不能作为货币

中国最早的金币

流通。黄金正式被称为"币"是在战国时代。"郢爰"是战国时代楚国的货币，为中国最早的金币，其出现时间要比西方金币略晚些。楚国的"郢爰"又称"印子金"，即有特定铭文的扁平金版，在上压出阴文印记，普遍含金量在90％以上，质量上好的可达到99％。秦代除有银贝、银布币等白银货币外，也使用黄金作为支付手段，并规定黄金为上币，主要用于大宗支付和赏赐。《管子》一书中写道"以珠玉为上币，以黄金为中币，以刀布为下币"，就是说玉器具有最高的价值，其次是黄金，最后是青铜布币。《史记》中记载："古者皮币，诸侯以聘享。金有三等，黄金为上，白金为中，赤金为下。"白金就是以银为主的银、锡、铅的合金，纯度较低。1974年，在河北平山县中山国一号陵墓内，发现4枚战国银质贝币。同年河南扶汉县又发现一处战国晚期的银质铲形布币。这表明金银在春秋战国时代就已被铸为货币进入流通领域。

我们的祖先很早就发现了金银具有货币职能中不易损毁这一特性，特别是黄金。根据文献记载，黄金在秦代先于银成为国家法定货币。先秦时期的黄金作为货币是需要称量的，那时的黄金大小不等、形态各异，没有统一的规格，而且各个诸侯国的计算方法也不相同，进行商品交换时需要用量器来称，很不方便。秦始皇统一中国后，也统一了黄金的换算单位——镒（yi，古代的重量单位，相当于二十两或二十四两）；并在法令上明确规定黄金为上币，铜钱（秦半两，汉五铢）为下币，而银、锡、玉、龟甲、海贝等均作装饰收藏之用，不得再作为货币流通。这是货币史上一次划时代的革命，从此贝币、玉器都退出了货币流通领域。

白银作为货币普遍流通是在东汉时期，文献中常有用银赏赐功臣的事例，还有些臣子用银贿赂当权得势的太监以达到升迁的目的。这种情况一直持续到魏晋时期，连年征战与政局的不稳定影响了黄金的开采，黄金的使用在这个时期曾一度衰落。

唐代的繁荣昌盛使金银币走出低谷，蓬勃发展起来。特别是银币在民间也开始使用，并逐渐成为通货，长达千年之久。到了宋代，银的货币职能更加稳固，物品的价格基本都用银来表示。但银币正式成为法定货币是在明代中叶，这主要是受流入中国的西方银币的影响。明朝政府确立了银两制度，各地官府将税收、徭役等都折合成银两收取，官员的俸禄和国家的开支也用银两支付，银与钱并行流通。与此同时，黄金在流通领域逐渐减少，更多地作为装饰品和地位的象征。

唐代的金银钱币

清初康、雍、乾三朝的货币体制基本沿用了明代的银钱并行制度，没有大的调整，只是由于银币的形态有所改变而引起了诸如鉴定、兑换等方面的问题。乾、嘉两朝以后，欧洲的货币与金融体制进入了中国，银元货币对旧式银两的使用造成很大的冲击。旧式银币势必要被新式的银元所取代。1933年，民国政府下令实施"废两改元"的政策，使用了千年的银两制度终于退出了历史的舞台。

1949年以后，人民币成为国家的法定货币，新中国第一次发行贵重金属货币是在1979年。如今金银纪念币已成百花齐放的态势，它们不仅仅是人民币的币种之一，更是收藏投资的焦点，文化与艺术的载体，也展现了国家繁荣昌盛、人们谐和生活的美好景况。

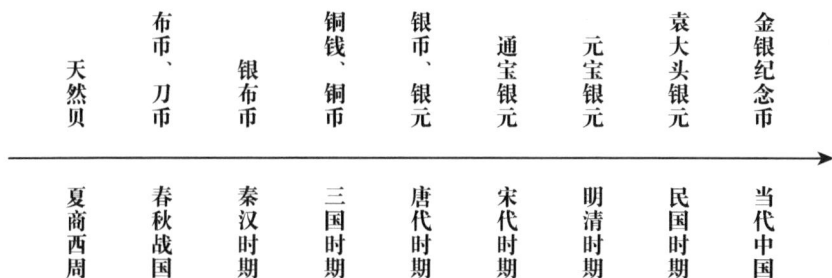

天然贝	布币、刀币	银布币	铜钱、铜币	银币、银元	通宝银元	元宝银元	袁大头银元	金银纪念币
夏商西周	春秋战国	秦汉时期	三国时期	唐代时期	宋代时期	明清时期	民国时期	当代中国

中国金银币发展史示意图

第4节　当代中国金银纪念币发展的三个阶段

进入2012年，中国金银纪念币的发展进入了它的第33个年头。截至目前，中国人民银行共发行了近350个项目，约15个大系列，近2000个品种的金银等贵金属纪念币。这些纪念币题材丰富、设计新颖、铸造精良，具有浓郁的中华民族特色和独特的艺术风格，展现了我国五千年的文明历史和源远流长的中国文化，在国际钱币界享有广泛盛誉。当代中国金银纪念币事业的发展和取得的成就，大体经历了下列三个阶段。

1. 第一阶段（1979—1996年）

1979年10月，国务院正式批准、同意中国人民银行《关于加强我国对外发售金、银币（章）管理的请示报告》，授权中国人民银行为代表国家发行金银币的唯一机构，金银币统一由中国人民银行负责设计、制造、发行。同时，国务院批准了中国人民银行发行"中华人民共和国建国30周年纪念金币"一套四枚的请示。这是我国发行的首套当代贵金属纪念币，也是新中国成立至改革开放初期向海外发售的第一套当代金币，受到了国际市场的欢迎。

我国刚实行改革开放时，生产力水平相对落后，国家建设百业待兴，百姓的生活刚处于温饱阶段。要快速发展经济，需引进和购买国外先进设备与技术，国家需要大量外汇，因此，这一时期全国各行各业、各省各市都以出口创汇和招商引资为主，从而积蓄技术与资金来发展壮大自己。

中国人民银行主动加入到出口创汇的时代进程中，采用加工制造金银币，销往国外，从而赚取外汇。这一阶段，由于采用了以国外经销商订单作为生产依据的方式，也就决定了这一时期金银币产销的时代特点，其有以下几点。

一切为出口创汇服务

金银币产品的品种、生产的数量和时间等，主要取决于国外经销商的订单。由于销售对象是港澳台、日美等投资和收藏爱好者，所以当时的金银币产品品种都带有鲜明的时代印记，例如出土文物、古代科技发明题材，齐白石、徐悲鸿的字画题材，孙中山、郑成功的人物题材，十二生肖的民族传统题材等在中国民族文化圈中认可的人物和事件，还有迎合美国市场的麒麟币，出口到日本市场的"三国"题材金银币等。这一时期的金银币产销特点，就是迎和外商要求，努力出口创汇（见第1章配图）。

发行规范和管理不足

由于是以外销创汇为主，加之国外集藏爱好者的习惯问题，这一时期的金银币特点之一就是金银币的证书不受重视，或者没有证书，一部分早期证书甚至是由外商自己设计印制的。这一阶段，证书最主要是起到说明书的作用。另外，由于受市场销售状况的影响，以及经销商、代理商经营风险的原因，订单数量时增时减。经销商为了销售，有时会要求补铸一部分，有时甚至还会融毁一部分，也就造成了这一时期金银币的发行量与实铸量常常不一致。

货源和定价权受国外影响

面向国外投资和收藏爱好者的生产与销售，决定了这一时期金银币的货源掌握在了谁的手里，也就决定了货品的定价权掌握在了谁的手里。受到国外定价权的影响，国内这一时期的金银币货源无疑是"稀少"的，这也是后来被称作"老精稀"品种的原因。

国内投资收藏困难重重

出口创汇外销为主的产销模式、黄金白银的金融属性、对外贸易开放的程度、老百姓的富裕程度等种种状况决定了国内投资收藏爱好者的集藏活动困难重重。1994年前，国内没有我国自己的贵金属币经销，要买就只有向海外的钱币经销商购买，收藏途径相当艰难。

熊猫币扬名海外

上面所述的几个时代特点，表明了这一阶段的中国金银纪念币受到多方面客观环境的限制。然而，这一阶段的中国金币人并没有放弃追求与突破，他们在逆境中坚持自我、大胆创新、反复推敲、精益求精，打造出了值得这一阶段造币人骄傲一生的"世界名片"——中国熊猫金银币（世界公认的五大投资币之一）。在1985年美国举行的"国际年度硬币比赛"中，我国的熊猫金币83年发行版荣获"最佳金币"奖。这一阶段的特点是：海外发行，创汇利国，名扬熊猫金币。

2. 第二阶段（1997—2008年）

1992年，世界第一枚彩色币——"海洋动物保护"纪念币由太平洋岛国帕劳发行。该币由瑞士造币公司铸造，纪念币表面是色彩斑斓的海洋动物在湛蓝的海水中游动，给人一种全新的视觉效果，一经问世即在国际钱币界引起轰动。瑞士的几家造币公司掌握着彩色币制造工艺技术，产品质量在世界上处于领先地位。1997年，瑞士造币公司派员与中国长城硬币投资公司洽谈项目合作意向，经过磋商双方签约，瑞士造币公司为中国代铸年号为1998年的农历生肖虎年1盎司彩色银币。

世界首枚彩色币

第一枚中国彩色币——农历生肖虎年彩色纪念银币于1997年10月在上海国际邮票钱币博览会上首次亮相，它的成功发行是中国当代钱币史上的里程碑。继"中国生肖虎年"彩色币之后，中国金币总公司又陆续委托瑞士造币公司发行了不同系列的多种彩色纪念币，如：生肖虎年、兔年、龙年、蛇年、马年、羊年等彩色金银币，传统吉祥物"吉庆有余"和"万象更新"彩色金银币，"戴胜鸟"彩色金币，京剧艺术系列彩色金银币第1～4组，"熊猫"彩色银币第1～3组，"幻彩观音"金币和"昆明世博会"彩色银币等以及全部5盎司方形彩色银币。

中国首枚彩色币

同时，我国也引进了彩色币制造技术与设备，并于2001年发行了第一套国产"中国民间神话故事"彩色金银纪念币（见第1章配图），该币由深圳国宝造币有限公司铸造。目前，我国的几家制币企业都具备了彩色币的生产能力，国产彩色币的品种不断增加，质量也达到了相当高的水平。可以说，中国彩色金银纪念币完全实现了国产化，中国的造币工业开始了辉煌而崭新的一页。

这一阶段的中国当代金银币在规范管理方面也取得了突破性的进展。特别是在2000年，《中华人民共和国人民币管理条例》的颁布及中国人民银行《人民币、纪念币立项、设计、生产、发行暂行规定》的实施，明确了中国金银纪念币国家法定货币地位以及立项、设计、生产、发行等基本规程，使中国金银币事业逐步走上了规范化、法制化的发展道路，标志着中国当代金银币在方方面面已经开始趋于成熟。第二阶段的时代特点有以下几点。

主要为国内集藏爱好者服务

生产的金银币尤其是彩色金银币，以国人喜闻乐见的题材为重要参考，突出"只有民族的，才是世界的"，生产了名画系列、十二生肖系列、国粹京剧系列和民俗系列等多个品种的彩色金银币。

鉴定证书起作用

这一阶段的中国金银币，开始使用带有防伪工艺的、用印钞纸制作的鉴定证书。鉴定证书所起的作用有：一是鉴定金银币的直接证据；二是金银币在交易中保值增值的重要保证；三是中央银行特别为金银币法定货币配发的一种合法凭证，它与金银币及外包装共同组成了一个功能性的整体。另外，鉴定证书采用编号并公开告知，基本不会出现发行量与实铸量不一致的问题。

货源和定价权国内掌握

为满足国内人民群众日益增长的投资与文化需求服务，销售对象主要是国内的投资与集藏爱好者。货源与定价权，大部分掌握在了中国当代金银币的国内参与者手中。但大部分彩色金银币还需由瑞士代为制造。

集藏群体逐步壮大

中国金币总公司成立以来，积极开拓、培育金银纪念币市场，不断扩大和完善海内外经销网络。2004年10月，确定建立分销、直销和代销相结合的营销体系。具体形式为：建立中国金币总公司直销中心进行直销；利用"特许经销商"进行分销和直销；利用银行网点进行直销和代销。与此同时，金银币市场的民间渠道也在快速发展，上海卢工、北京马甸邮币卡市场成为国内第一和第二大的金银币卖出与回购的二级市场，拍卖公司、金银币网站、商场、礼品店等渠道更是飞速发展。伴随市场影响的不断扩大，接触和了解当代中国金银币的人越来越多，热爱和集藏当代中国金银币的群体逐步壮大。

从1979年到2008年，当代中国金银币从无到有，设计、生产、销售渐成系统，集藏人士由少到多，金银币所承载的文化与艺术内涵日益广泛，标示着中国当代金银币的发展正趋向成熟。这一阶段的特点是：国外技术，创新工艺，发展集藏群体。

3. 第三阶段（2009年至今）

2009年，中国首套整体设计生肖金银纪念币的第一枚诞生，可以作为中国金银纪念币第三阶段的开始。

首次整套设计的生肖金银纪念币，用国徽作为正面主图案。中国贵金属纪念币作为中华人民共和国的法定货币，代表着国家的尊严，其正面采用国徽图案，体现了国家货币的权威性和法律地位。设计的首套整体生肖金银纪念币一轮为12年，正面均采用国徽图案，提升了生肖金银纪念币的地位，更显庄重。底纹连年有余的装饰图样，更显中国传统韵味（见第1章配图）。

2009—2012年的中国贵金属纪念币发行计划中新增加了大规格品种，如：中华人民共和国成立60周年金银纪念币新增了1公斤金币和1公斤银币两大规格，发行量分别仅100枚和6000枚；2010中国庚寅（虎）年生肖金银纪念币新增了5盎司彩色金币、5盎司彩色银币各1枚，发行量分别为1800枚和8800枚（见第1章配图）。

中国人讲"三十而立"，2009年的中国金银纪念币正好也进入了它的而立之年。"我设计，我生产，我销售"是这一阶段中国金银纪念币进入而立之年成熟的标志。第三阶段的时代特点有以下几点。

凸显权威性

中国金银纪念币的核心特性是"法定货币",《中华人民共和国人民币管理条例》第十八条:中国人民银行可以根据需要发行纪念币。纪念币是具有特定主题的限量发行的人民币,包括贵金属纪念币和普通纪念币。在币的设计上更增加国家的尊严。伪造中国金银纪念币,销售"假中国金银纪念币"等行为必将受到法律的严惩。

凸显藏富于民

为了让更多的人参与到中国金银纪念币的收藏投资中来,让新加入的人能以较低的发行价格介入。中国人民银行从2000年开始,在每年年末或新年年初,公开发布下一年度的"贵金属纪念币项目发行计划"。通过对发行计划的解读,可以了解到计划的发行项目、品种、发行数量和发行时间等内容。预先作好准备,通过当地特许经销部门进行预定选购。

随着国内收藏投资爱好者人数的不断增加,近年来市场销售状况逐年趋好,金银纪念币一直处于供不应求的状况。因此,金银币发行量有所增加,目的是达到市场供需平衡和降低新币发行价。另外还缩小了金币的铸造规格,如近几年发行的名著水浒系列、京剧脸谱系列、中国佛教圣地系列中的金币分别采用了小规格的1/3盎司和1/4盎司品种,为收藏爱好者降低了进入门槛。

凸显中国韵味

从2009年生肖牛开始的生肖金银纪念币,采用的正面图案为:国徽居中,币面四周是富含中国韵味的图案——以莲花和鲢鱼作装饰纹样围绕和烘托居中的国徽,"莲"为"连"谐音,"鱼"为"余"谐音,寓意"连年有余"。其他镶嵌了中国韵味图案的币还有:建国60周年金银币的"牡丹花纹饰",水浒金银币的"中国传统纹样组合设计纹饰",深圳经济特区建立30周年金银币的"杜鹃花纹样组合设计纹饰",脸谱金银币的"海水江牙、祥云纹样组合设计纹饰"等(见第1章配图)。这一阶段的特点是:独立发展,藏富于民,促进收藏投资。

凸显中国韵味、凸显文化韵味是中国金银纪念币未来能够大发展的魅力源泉,使金银币真正成为高工艺水平的文化载体。因此,我们可以想象,凸显权威性、藏富于百姓、含中国韵味的中国金银纪念币,将向着持续、健康、稳定、协调的方向发展并促进收藏投资。

第1章作业练习题

1. 简答题

（1）钱币学的定义和研究的内容是什么？

（2）简述贵金属货币的发展概况。

（3）简述中国金银币的发展概况。

（4）简述当代中国金银纪念币的三个发展阶段。

（5）说出我国首套金银纪念币的发行时间和内容。

（6）说出世界首枚彩色纪念币的发行时间和内容。

（7）说出中国首枚彩色纪念币的发行时间和内容。

2. 名词解释

钱币——

古钱币——

秦半两——

汉五铢——

贵金属币——

镒——

铢——

3. 金银币实物观赏

第1章配图

1979年中国发行的首套当代贵金属纪念币——中华人民共和国建国30周年纪念金币一套四枚

1981年发行的中国出土文物纪念金币第1组

1992年发行的中国古代发明纪念金币第1组

1983年发行的中国熊猫金银纪念币

1995年发行的中国麒麟纪念金币

1997年发行的中国首套彩色金银纪念币——生肖虎年

2001年发行的第一套国产"中国民间神话故事"彩色金银纪念币

金银纪念币正面图案设计变化

首套整体生肖彩色金银纪念币设计图案

生肖系列新品种——5盎司彩色金银纪念币

建国系列新品种——国庆60周年1公斤纪念金币

第**2**章

金银纪念币基础知识

本章知识点

◆黄金与货币的关系

◆金银纪念币的基本属性

◆金银纪念币的艺术美

◆金银纪念币的制作工艺

◆金银纪念币常用术语

第1节 黄金与货币的关系

1. 黄金

黄金是一种贵金属，在自然界相当稀罕，黄金的质地纯净，具有特殊的属性，是最受人们欢迎的贵金属。除了1802年才发现的钽金属之外，黄金是世上最罕有的金属，黄金天然具有较高的价值。"金碧辉煌"、"真金不怕火炼"、"书中自有黄金屋"等赞美之词无不表达黄金在人们心目中的崇高位置。

2. 黄金的价值与地位

黄金是一种资产。黄金的稀有性使黄金十分珍贵，而黄金的稳定性使黄金便于保存，所以黄金不仅成为人类的物质财富，而且成为人类储藏财富的重要手段，故黄金得到了人类的格外青睐。

黄金史学家格林就指出："古埃及和古罗马的文明是由黄金培植起来的。"掠取和占有更多的黄金是古埃

黄金培植起来的古埃及文明

及、古罗马统治者黩武的动力。

当代黄金所扮演的角色虽已有所改变，但是各国仍然储备了约3万多吨的黄金财富，以备不测之需；还有2万多吨黄金是私人拥有的投资财富。现在人类数千年生产的约15万吨黄金中有4成左右作为金融资产，存在于金融领域；6成左右是一般性商品，主要的功能是用于消费。

黄金仍是可以被国际接受的继美元、欧元、英镑、日元之后的第五大国际结算货币。大经济学家凯恩斯揭示了货币黄金的秘密，他指出："黄金在我们的制度中具有重要的作用，它作为最后的卫兵和紧急需要时的储备金，还没有任何其他的东西可以取代它。"现在黄金可视为一种准货币。

3. 货币的概念

用马克思学说来讲，货币是从商品世界中分离出来的稳定地充当一般等价物的一种特殊商品。马克思在论述货币时说道："金银天然不是货币，但货币天然是金银。"意思是说，金银的出现，并不是天然来充当货币的作用；但只要世界上还存在货币，那么货币最终一定要落到金银特别是黄金的身上。黄金的特性，决定它量小、价值大，而且不能人为地像印纸币那样任意制造、源源不断地生产出来。所以世界各国都深深地认识到国家金融要安全，需有足够的黄金储备。

最初的金属货币多用铜铸造，随着社会财富的增长，以及金银产量的增加，用金银铸造的货币逐渐增多。16～18世纪在西欧流行金币和银币同时作为主币的制度，称金银复本位制。1816年，英国首先实行以金币作为单一主币的金本位制。

第一次世界大战前，资本主义国家普遍实行金本位制，货币的基本单位相等于一定数量的黄金，在货币流通中主要使用金币，纸币可以自由兑换金币或与金币等量的黄金。

第一次世界大战以后，许多资本主义国家实行金汇兑本位制，货币单位仍有含金量的规定。但在国内货币流通中不使用金币，国内发行的纸币也不能兑换黄金，只能兑换能在外国兑换黄金的外汇。

1944年7月在美国布雷顿森林召开的联合国货币金融会议上，通过了《国际货币基金组织协定条款》，并在1945年12月成立了国际货币基金组织，在布雷顿森林体制下，美元与黄金挂钩，其他国家的货币与美元挂钩，美元成为资本主义世界的主要货币，确立了以美元为中心的资本主义世界货币体系。

1971年，美国在国际收支逆差增加、黄金储备锐减、对外负债累累的情况下，宣布停止各国政府或中央银行用美元向美国兑换黄金。从此，美元与黄金脱钩，其他国家的货币与美元脱钩，各主要资本主义国家纷纷抛弃固定汇率，实行浮动汇率，以美元为中心的资本主义世界货币体系宣告瓦解。

4．黄金与货币的关系

由于黄金非货币化政策的实施，中外经济学界在黄金与货币关系问题上产生了不同看法。一种意见认为，现在资本主义世界各国的纸币已完全与黄金脱钩，纸币不再是金的符号；另一种意见认为，现在纸币虽不能兑换黄金，但纸币的价值基础仍然是黄金，纸币与黄金并未脱钩；还有人认为，现在纸币虽不能兑换黄金，但多数国家货币仍规定有含金量，而没有规定含金量的货币都与规定含金量的货币保持一定的比价关系，黄金正处于从货币商品向普通商品过渡或转化的过程中，但还没有完全与货币脱钩。

第2节　金银纪念币的定义和基本属性

1．金银纪念币的定义

依据2000年国务院颁布的《中华人民共和国人民币管理条例》及其释义，中国贵金属纪念币是指中国人民银行根据需要发行的以金银等贵金属或其他合金为材质的具有特定纪念主题的限量发行的人民币。

贵金属纪念币主要由金、银、铂、钯等材质制作，其中绝大多数用金和银材质，因此就俗称其为金银纪念币，简称金银币。

2．金银纪念币的基本属性

（1）货币属性

随着经济的发展和货币形式的演变，我国当代金银纪念币也只是用作纪念手段，并不直接流通。但是，这并不是说我国金银纪念币不是国家法定货币，法定的货币属性是金银纪念币的根本属性。我国金银纪念币具备货币属性主要体现在以下几个方面。

中央银行发行

金银币和流通的人民币一样，由我国中央银行——中国人民银行发行。中国人民银行是国务院授权的中国金银币唯一的发行机构。

代表国家信用

金银币是由贵金属铸造的国家法定货币，虽不直接参与货币流通，中国人民银行对发行的金银纪念币具有法偿义务，金银纪念币有国家信用作保障。

具有储备功能

黄金目前仍是公认的国际储备货币，金银纪念币以独立的价值形态和社会财富，作为价值储备手段体现货币储备功能。

指定造币厂铸造

我国金银纪念币由中国人民银行指定的造币厂生产，铸造模具使用完毕后由中国人民银行组织封存。

质量标准规范

按照《中华人民共和国人民币管理条例》，我国金银纪念币必须具备明确的主题、面额、图案、材质、式样、规格、发行数量、发行时间和鉴定证书等。币面必须标明中华人民共和国国名、年号、面额。在正式发行时，中国人民银行应当通过权威媒体向社会发布公告，说明发行要素，并配备中国人民银行行长签署的鉴定证书，确保质量标准及其发行量与铸造量的一致。其销售由中国人民银行直属的行业性公司总经销并由经中国人民银行审核的企业零售。

（2）收藏属性

金银纪念币是国家通过贵金属的特殊载体记载我国重大政治历史事件和中华民族的传统文化。这是政府行为，发挥着政治宣传的作用，同时又传承着民族文化。通过纪念当今发生的重大事件，传承新时期的先进文化；通过纪念历史上的人物和事件，传承优秀的传统文化。金银币正是因突出的纪念特性而为大众所收藏。收藏性是贵金属纪念币得以生存并发展的最基本属性。

（3）价值属性

贵金属纪念币是特殊的商品，与一般商品一样，凝结有社会的劳动和劳动价值，具有商品属性。金银币因为其具有满足集藏者收藏需求的功能，在进入收藏领域市场之后通过价值交换实现价值与使用价值的统一，从而体现其价值属性。

（4）文化属性

金银币是开创当代钱币文化的主要载体。中华文化博大精深，中国钱币文化同样有着源远流长的历史。金银币的文化属性在于其产品的纪念性和艺术性并重，金银币的主题内容、设计理念、铸造工艺、艺术价值等构成了中国金银纪念币丰富的文化内涵。这也正是我们欣赏的币之美。

（5）投资属性

金银币作为特殊商品，进入市场后必然会受到市场规律的运作和制约。实际上，金银币通过初始发售环节进入市场后，因其限量发行而产生稀缺性，供求双方通过有形或无形的市场运作，产生不同于发行价的交易价格，即市场价格，使金银币投资功能得以显现。美国著名的所罗门调查公司曾对近50年国际市场各类投资的年均回报率做过一个统计，钱币收藏以年均13%的盈利率位居第一，高于证券和房地产等行业。

第3节　金银纪念币的特征

新中国成立以来，发行金银纪念币的时间不长，从1979年第一次发行中华人民共和国成立30周年纪念金币起，至目前也就30余年的时间，是真正意义上的当代金银纪念币时期。与西方发达国家持续一百多年的金银纪念币发行历史相比较，我们还是相当年轻的，有许多经验可以学习和借鉴。中国当代金银纪念币具有下列几个特征。

（1）代表国家身份

世界公认"邮票是国家的名片"，比较起来我们更有理由称"金银币是国家的身份证"，因为金银币做为国家特种法定货币，它具有国家信用，它采用贵金属铸造，标有规格、成色、面额、国号，配有中国人民银行鉴定证书作为信誉保证，并标明发行量，这就表明了金银纪念币做为国家代表的庄严与价值。

（2）形成现代文物

"文物"是指历代遗留下来的"有价值"之物，"有价值"首先应是"稀为贵"。"文革"时期发行的邮票，由于特殊的历史背景，存世稀少而升格为文物。"文革票"稀少到什么程度呢？在任何一个邮展，我们都能觅其真容。而改革开放30多年是中国历史上少有的大发展时期，随着改革开放的进程，当代金银纪念币的发行意义重大，从无到有，从外到内，从少到多。当代金银纪念币中有许多品种，很多人没有见过甚至都没听说过，它们仅有几十枚至上千枚，因发行初期均销往海外，高度分散，踪迹难寻，具备了稀有性。其次是它的珍贵性，珍贵在于其文化艺术内涵，它的设计图案多为名家绘画，集聚了中华民族五千年文明，它的选题取之动魄的历史瞬间，它加工工艺精雕细琢，浓缩了艺术品精华，许多品种已成为举世公认的藏品之巅，其珍贵性毫不逊色于当代诸多著名画家的作品。金银纪念币30余年的辉煌发展，许多早期品种因珍稀而被认作为"现代文物"。"现代文物"的概念必然激发收藏人与投资人的灵性，从而使21世纪的金银纪念币市场充满生机。

（3）成为朝阳产业

比较中国集邮市场发展，以"小型张"为例，每种发行量由20世纪80年代初的10万枚增到90年代初的1000万枚，90年代中期超过了4000万枚，早期品种价格已上扬数千倍数万倍。

如今，金银纪念币正面临着惊人相似的状况，发行量从1979年早期的数十枚数百枚，逐步增加到数千枚，再至目前的数万枚，一年发行十余个品种。由于限量发行，随着人们经济实力的提高，只要爱好收藏者稍有增加，其价格就会因供不应求而上涨。由此又会吸引越来越多的收藏者与投资者，并不断推动行情向纵深展开，从而推动金银纪念币市场从发行到交易及管理的一系列发展。金银币题材光彩，制作精美，发行量少，含金量高，比价底，升值潜力大，持有过程宽心，是收藏品投资中的"卧虎藏龙"，它必将成为"朝阳产业"。

（4）垄断资源行业

中国人民银行是中国金银纪念币唯一发行机构，由中国金币总公司经销，它集制定政策、管理、销售于一身，是超级垄断行业。

（5）具有融资功能

金银纪念币身为贵金属，其含金量与通货性远远高于邮票、电话卡或普通字画、古玩等收藏品，它可以从事抵押、回购等较强的融资功能。

第4节 发行金银纪念币的意义

（1）弘扬中华文化

以京剧艺术文化、古典文学名著、中国名画、传统十二生肖、传统民俗和中国佛教等为题材的金银纪念币，向海内外人士展示了博大精深的中华文化。

（2）丰富文化生活

丰富的题材，通过形象化的色彩缤纷的金银纪念币，经千千万万钱币收藏者的鉴赏，将爱国主义精神和社会主义精神文明建设宗旨潜移默化地融入到人民群众精神文化生活。

（3）增加外汇资金

从经济意义的角度来看，自1979年我国发行金银纪念币以来，我国共发售金币约400万盎司，银币约2000万盎司。为国家增加了创汇渠道，取得了良好的经济效益。我国金银纪念币最初是向海外发行，目的是运营部分国家黄金储备来为国家创汇。目前我国已成为世界上重要的金币出口国。金币出口为国家积累了一定的外汇资金。

（4）提供收藏投资

金银纪念币为社会公众提供了一种收藏和投资工具。我国金银币有较高的艺术欣赏和收藏价值。目前，逐渐由单纯的收藏品向投资品转化。金银币作为一种投资工具适应了我国社会公众多元化的投资意识需求。

（5）实现增值保值

金银纪念币实现了部分国家黄金储备的增值保值。通过发行和销售金银币，我国一部分黄金储备实现了增值。我国黄金市场化进程正在加快，发行金银纪念币也是我国实现藏金于民战略的一个途径。

第5节 金银纪念币的分类

中国当代贵金属纪念币主要有以下几种分类方法。

1. 按币的性质分

纪念币可分为贵金属纪念币和普通纪念币两类。

贵金属纪念币

金币   银币   钯币   铂币

普通纪念币

2011年贺岁普通纪念币   中国共产党成立90周年普通纪念币

2. 按币的材质分

按币的材质可分为金、银、铂、钯、金银镶嵌、铜和合金材料等多种。

金质材料   银质材料   铂金材料

钯质材料   金银材料   铜质材料   合金材料

3. 按币的主题题材分

中国贵金属纪念币至2012年共发行约15个大系列，近350个项目，大约2000个品种。按币的主题题材分，有下列系列。

（1）中国熊猫系列金银纪念币

熊猫金银纪念币（投资币）（1982–2012年）

中国熊猫金币发行5、10、15、20、25、30周年金银纪念币

（2）重大政治历史事件题材金银纪念币

中华人民共和国成立30、40、50、60金银纪念币

北京国际钱币博览会纪念银币（1995–2012年）

辛亥革命70、80、90、100周年金银纪念币

西藏、新疆、内蒙、宁夏自治区成立解放周年金银纪念币

（3）中华传统文化题材金银纪念币

中国古代科技发明发现金银纪念币

中国出土文物金银纪念币

中国古代名画金银纪念币

中国古代航海船金银纪念币

中国丝绸之路金银纪念币

民族文化生肖金银纪念币

黄河文化金银纪念币

传统文化吉祥图金银纪念币

传统文化民俗金银纪念币

少数民族文化纪念银币

民间神话故事金银纪念币

中国近代名画金银纪念币

（4）中国京剧艺术系列金银纪念币

中国京剧艺术彩色金银纪念币

中国京剧脸谱彩色金银纪念币

（5）中国古典文学名著系列金银纪念币

《三国演义》金银纪念币

《红楼梦》彩色金银纪念币

《西游记》彩色金银纪念币

《水浒传》彩色金银纪念币

（6）中国石窟艺术系列金银纪念币

敦煌石窟艺术金银纪念币

龙门石窟艺术金银纪念币

麦积山石窟艺术金银纪念币

云冈石窟艺术金银纪念币

（7）中国世界遗产系列金银纪念币

武陵源金银纪念币

武当山古建筑群金银纪念币

登封"天地之中"历史建筑群金银纪念币

（8）中国航空航天系列金银纪念币

中国首次载人航天飞行成功金银纪念币

中国探月首飞成功金银纪念币

中国首次太空行走成功金银纪念币

（9）中国著名风光系列金银纪念币

（10）中国珍稀动物系列金银纪念币

（11）国内外体育运动题材金银纪念币

（12）中国杰出历史人物系列金银纪念币

（13）世界历史人物系列金银纪念币

（14）世界文化名人系列金银纪念币

4. 按币的形状分

按币的形状可分为圆形、长方形、梅花形、扇形、多边形和方孔形等多种。

圆形

长方形

梅花形

扇形

八角形

十二边形

打孔形

5. 按币的发行年代分

自1979年开始每年发行一年整套。

第6节　金银纪念币艺术设计

1. 艺术设计原则

金银币的铸造主要由成色及重量准确的贵金属、精良的铸造工艺技术、具有纪念意义的选题、精美的艺术设计及高超的雕刻艺术等几方面因素决定。其中，艺术设计是非常关键和重要的一个方面。中国当代金银纪念币的艺术设计主要遵循以下几个原则。

具有钱币特征

中国当代金银币正面图案为中华人民共和国国号、发行年号。其主要图案因选材而确定，可以放国徽、代表性建筑物、选题特殊背景或历史人物肖像等，这些要素是一个国家钱币的象征。而其背面图案则要把面额文字放在明显的位置，并占有一定的空间，形成钱币的固有特征。中国金银币一般采用阿拉伯数字和汉字"元"字组成面额文字，便于识别。

注重中国民族绘画与雕刻形式相结合

中国当代金银币币面的设计经常采用主景与背景相结合的构图方式，增加了图案的丰富性，这是中国传统绘画和浮雕常用艺术手法。在中国金银币不少币面的设计中，坚持采用以中国绘画的优秀作品作为设计基础，再用雕刻手法将其表现出来的方法，形成了中国当代金银币特殊的艺术风格。

坚持创新的原则

钱币币面的图案设计是一种艺术创作，离开艺术的创新就不会具有真正的艺术价值。在制作工艺上经反复探索和实践，开发了浮雕的一种新凹刻法，借助金属折光的原理，采用特殊的雕刻技术，再现金银币真实色彩，受到世界钱币界的认同，使中国金银币大放异彩。

坚持对艺术美的追求

艺术必须是美的，这是艺术的本质。金银币的图案设计同样要遵循美的原则，而这些美感又必须符合中国民族的审美观、审美情趣，必须体现对传统艺术美的继承和对现实的时代美的追求。艺术美的设计是一种综合的复杂的创造过程，结合精细传神的雕刻艺术和对雕刻美的追求，使得已发行的中国当代金银纪念币上千个品种绝大部分在艺术上获得成功。因此，中国金银币艺术设计在国际上多次获得世界最佳金币、最佳银币大奖。仔细欣赏中国当代金银币就会发现，每个币面都有一种特殊的美感，给人以潜移默化的精神影响，使得中国当代金银币经久耐看，回味无穷。这是它的艺术魅力和艺术生命力所在。中国当代金银币在艺术设计、雕刻手法上坚持民族化和设计雕刻的艺术创新，使之形成中国当代金银币独特的中国气派和中国民族风格，获得了世界性声誉。只有民族的才能成为世界的，在方寸大小的金银币上展现变化万千的中国历史、中国人物、中国文化、中国艺术的风采，其艺术成就灿烂辉煌。

资 料 卡 片

雕塑艺术

雕塑是一种状物抒情的造型艺术，实际上是一种立体的绘画。雕塑是雕和塑的合称，它是以雕、刻、塑、镂、琢、凿、铸为手段，以金玉石土等为材料，塑可供视觉感受的人体形象和物体形象，去反映生活的艺术。从制作技法来区分，可分为对于硬材料的"雕"和对于软材料的"塑"两大类。南京栖霞山靠山雕成的五百多尊石佛，云冈、龙门石窟佛像，就是石雕。敦煌、麦积山石窟中的塑像，就是泥塑，西安附近出土的秦始皇墓兵马俑、唐三彩俑，则是以软土烧制而成的陶塑。从功能来区分，又可分为装饰性雕塑和纪念性雕塑。如人民英雄纪念碑、李大钊塑像都是纪念性雕塑；陈设于室内案头或是挂在墙上的雕塑就是装饰性雕塑。从空间特点来区分，还可分为圆雕和浮雕。圆雕是雕塑的主要形式，它用三度空间来表现实体，一般没有背景，如顺陵石狮、昭陵六骏。浮雕一般制作于建筑物的墙壁上，在一个平面上雕塑出凸凹不平的形象，可以直接描绘人物活动的背景等，如天安门广场上人民英雄纪念碑基座的雕刻图案。雕塑的美学特征包括：凝炼性、概括性、象征性和装饰性。

2. 金银币上的艺术美

欣赏金银币就是要寻找、赞美、挖掘和鉴赏金银币上的艺术美。这种美通过构图安排、形象特征、线条韵味和造型设计等艺术手段组合实现（如：黑白对比、前后呼应、对称均衡、夸张表现、错落有致等），以表现出人物精神与外形的美、建筑的雄壮美、自然景色的秀丽美以及心灵的境界美等多种美感。

（1）金银币上的黑白之美

黑与白，是大千世界中最普通的本色，朴素、简洁、单纯，似乎没有可以炫耀的"资本"。然而，因其为极色，纯度高，色相饱和；黑白相映，虚实相生，最能体现对比度，于强烈的反差中营造出视觉冲击力与张力。就像黑白摄影、黑白木刻，永远不会过时。这不仅仅是因为人的怀旧，也包含着黑与白的永恒魅力。

演绎了几千年的中国传统绘画，用墨色和留白涵盖大千世界的色彩；道教的太极图，用黑白表现哲学中的阴阳。没有什么颜色比黑色更神秘，也没有什么颜色比白色更纯洁。中国人以黑与白的奇思妙想，谱写了一曲令世界惊叹的交响乐。

1983版熊猫金币　　2001版熊猫金币

黑白之美创造了当代中国金银纪念币的奇迹。

新中国贵金属纪念币开创之初，如何在熊猫金币上表现大熊猫的黑白两种毛色，成为一大难题。为了攻克这一难关，科技人员和美工人员经过反复研究，借鉴我国古代四大石窟的造像艺术，又大胆运用木刻创作的刀法技巧加以处理，采用以凹为凸的艺术表现手法，将大熊猫的四肢、眼、耳等黑色部分雕成凹形，通过模子抛光生成镜面，并对熊猫的其他部分进行浮雕喷砂，借助金属的折光原理，产生了意想不到的艺术效果。黑白对比感及柔和的皮毛质感，使大熊猫憨态可掬、逗人喜爱的形象活生生地展现在人们面前。

1985年，在"世界硬币大奖"角逐中，中国1983版熊猫普制金币出尽风头，荣获当年最佳金币奖。此后，2001版1盎司"竹林熊猫图"普制金币再获殊荣，又一次摘取了"世界硬币大奖"最佳金币奖的桂冠。

黑与白，是高度提炼的绘画语言，它剥离了事物表面的一切浮华色彩，凸现其本质和内涵，展现了神奇的抽象之美。2010年发行的中国京剧脸谱彩色金银纪念币（第1组），分别为1/4盎司金币"包拯"、1盎司银币"典韦"和"钟馗"的京剧脸谱造型。这3种京剧脸谱均以黑与白为主色，通过脸部一些重要部位的色彩、线条的巧妙组织，勾勒出不同人物形象的个性特性和精神气质。"包拯"京剧脸谱，勾正脸，主色黑，

2010京剧脸谱彩金币

配色白、红，表现其廉洁清正、疾恶如仇的清官形象，是铁面无私的正义化身。

京剧脸谱的这种表现手法，除了一定的程式化以外，与中国画的写意颇为相似，夸张变形，以形写神，以形寓意，妙在似与不似之间，将黑白之美在中国戏曲舞台上推向极致。

（2）金银币上的呼应之美

在金银币画面上，我们有时会看到，两个分离的事物或部位，相互照应，顾盼生姿，似乎有一种无形的感情纽带将它们贯穿在一起。这便是中国传统绘画艺术中的"呼应之美"。

2008年发行的第29届奥林匹克运动会贵金属纪念币（第3组），其中1公斤纪念银币的背面图案，为中国民间体育项目——拔河及太极拳造型。近景处的拔河比赛，通过选手们齐心协力的姿态、坚韧不拔的神情，以及紧绷的拔河绳和因双脚用力造成地面的高低不平，生动地定格了拔河"相持阶段"的精彩瞬间。而远景处描绘的则是另一个场面：一位穿着宽袖练功服的老者，精神饱满，神采奕奕，正带领一群弟子，以轻灵圆活、开合有序、刚柔相济的动作，以"行云流水，连绵不

2008奥运公斤银币

断"之势，体现太极拳美的造型、诗的意境及其哲学内涵。从币面布局来看，设计者将拔河与太极拳以主次之分，各置一端，中间留有大片空白，两者似乎并无联系。但细心体味，就会发现这两群人的身姿，都有一种相同的趋向，并通过银币外圈的"联系"，造成气势上的远近呼应，使整个画面达到均衡、和谐、含蓄的艺术效果。

呼应可以是相同事物间的呼应，亦可以是不同物象之间的呼应，如人与物、花与鸟、山与泉等，具体的形式又多种多样，有上下呼应、左右呼应、前后呼应、穿插呼应等，既可以是具体的呼应，也可以是意念的呼应。

2006奥运彩银币

2006年发行的第29届奥林匹克运动会贵金属纪念币（第1组），其中1盎司纪念银币"滚铁环"，描绘一个稚气儿童用带勾的小铁棒，推动铁环向前奔跑。这种中国传统的儿童游戏，由铁勾控制方向，可直走，亦可转弯，甚至还可过水塘、上楼梯，需要一定的技巧，适用于个人玩耍，亦可组织集体竞赛。画面上，儿童前后有4只小鸟，其中两只紧随儿童身后，另一只在天上，还一只跟着滚动的铁环，它们都朝前进的方向飞行。由于构图的巧妙，使儿童与小鸟之间产生微妙的呼应关系，画面顿时变得生动活跃起来，洋溢着天真和童趣。此外，银币右侧，用一个中国结将画面的1/3处隔断，分成左右两个画区，左为主景"滚铁环"，右为彩色附景"风筝"。这是一种创新型的设计。仔细观赏会发现一个细节，即儿童滚动的铁环，有一小部分已经进入了附景区范围，将主、次画面在"意"与"气"上连接起来。这正是设计

者匠心之所在。于是，那只看似孤立的鸟型风筝，也与儿童和小鸟形成呼应之势，并转换为既富于变化又和谐统一的审美境界。

（3）金银币上的联想之美

所谓"意在币外"，就是艺术家所创造的审美形象，虚实幻化，意趣横生，妙在"似与不似之间"，使观赏者情景交融、浮想联翩，产生画外之境、意外之美。

1952年的某天，著名作家老舍登门拜访齐白石，请他以"十里蛙声出山泉"为题作画。"蛙声十里"是听觉形象，而绘画所表达的是视觉形象，要以视觉形象引起人们的听觉感受，而且背景规定是"山泉"，确是一大难题。几天后，白石老人拿出了他画的一幅四尺立轴。令人意想不到的是，画面上竟然没有一只青蛙，只见一抹远山，一条小溪从山涧乱石中奔流而下，几只小蝌蚪随波而下，正在调皮地冲浪、玩耍。于是，人们由此联想起小蝌蚪的妈妈，似乎听到一片蛙声从远处隐隐传来。

蛙声十里出山泉

在中国金银币的设计图案中，涉及联想之美的品种有：2003年开始发行的中国古典文学名著《西游记》系列彩色金银币，其共同的正面图案"西天取经"设计有独到之处。币面以一座横跨于高山峭壁之间的天桥为中心，描绘唐僧师徒

彩色金银币正面图案

4人正在过桥的情景。只见孙悟空一手牵马，一足金鸡独立，左手遮光探路；虔诚的唐僧端坐马背；八戒和沙僧挑着担，紧随其后。穿过桥洞，可看到远处的高山、云树显得十分渺小；而画面上方的背景被虚化为蓝天，更蕴涵着取经的艰辛历程。于是，在人们的意念中，画外的险山恶水、妖魔鬼怪，以及童话影片《西游记》的主题歌等，便会"接踵而至"："踏平坎坷成大道，斗罢艰险又出发。……敢问路在何方，路在脚下。"整个图案设计新颖，布局巧妙，线条简洁，意境深远。

2007年发行的世界夏季特殊奥林匹克运动会金银纪念币，同样给人以别出心裁、意在画外的美感。尤其是作为正面主图的那只眼睛，更是出奇不意。眼中的图形，既是两个跃起的运动员造型，同时又是一朵绽放的白玉兰（上海市市花）。显然，这不是一只普通的眼睛，而是一只艺术的眼睛。那目光中，既是智障者自强不息的信念，又是母爱的深情关怀，还有来自全世界的关注。设计者以写意手法表达出极富感染力的寓意，令人遐思无穷。

2007特奥会金银币正面图案

（4）金银币上的简洁之美

如果说满园春色、花团锦簇是一种繁华、丰盈之美，那么一枝红杏、两个黄鹂，则是另一种简约、隽永之美。两者境界不同，却又各臻其妙。中国金银币作为一种微型的艺术产品，要在极其有限的"金银宝地"上创造奇妙，其设计思路更应以简为美。

1993年发行的中国古代科技发明发现金银纪念币，其中1/2盎司金币的背面图案为"太极阴阳"，是中国传统文化表现简洁的典型图案。"太极图"的发明发现时间约公元前三世纪，即秦至西汉初年。"太极图"俗称"阴阳鱼"，以黑白两色，代表阴阳两方、天地两部。白中黑点表示阳中有阴，黑中白点表示阴中有阳。就是这样一个看似空空如也的圆形，却意蕴丰富，包罗万象，形象地揭示了天地自然之奥妙。这便是简洁之美所创造的艺术神话。

中国古代科技发明发现金币

所谓"简洁"，就是对艺术形象所进行的强调、取舍、浓缩，以点带面，以小见大，以精见长，以独到的想象描绘其本质属性。这一表现手法，不仅为设计者带来了极大的灵活性和无限的表现力，同时也为观赏者开拓了广阔的想象空间，具有"以少胜多"的艺术效果。

2002年发行的中国民间神话故事彩色金银纪念币，其中1/2盎司金币"夸父追日"，描绘一位上古巨人，为救民于水火奋力追赶太阳的故事。夸父尽管被一些人讥为"不自量力"，但在那个生产力极度低下的蛮荒时代，这种试图战胜自然的雄心壮志和伟大气魄是十分可贵的。值得赞许的是，这枚金币的背面图案，不画背景，造型、敷色也都十分简洁。

按中国古代神话传说，夸父追日时，双耳挂着两条黄蛇，手里也拿着两条黄蛇，然而币面上出现的只有夸父右手拿着的

中国民间神话故事彩金币

一条黄蛇，其余三条黄蛇则被设计者大胆"精简"了。至于夸父左手的那根柺杖，则被列入"重点保护对象"。因为，这不是普通的手杖，当夸父喝干黄河、渭河之水还是不能止渴时，面对死神的光临，他毅然抛掉手杖，使之化为一片鲜果累累的桃林，为后来追求光明的人们排忧解难。

简洁既是一种境界，也是一种潮流。随着设计艺术的现代化，以简为美，正在成为一种时尚。

（5）金银币上的对称之美

当年，李白于舟中遥望天门山夹江对峙的雄姿，写下了"两岸青山相对出，孤帆一片日边来"的神来之笔。一个平平常常的"出"字，化静为动，使充满诗情画意的对称之美流韵千年。

对称之美是中国传统美学的基础，也是形式美的重要标志，通常代表着某种平衡、

029

1987龙年生肖银币

比例的和谐，与优美、庄重联系在一起。从远古彩陶、殷周青铜器，到帝王宫殿、古典园林，乃至诗赋、楹联、钱币等，无不包含着对称美的内涵。

对称之美并非单调、呆板的重复，而是一个多样丰富、充满魅力的广阔天地。就形式而言，对称有平移对称（如连续装饰纹样）、旋转对称（伞、五角星等）、左右对称性（人体、建筑立面）等。1987年发行的中国戊辰（龙）年生肖金银纪念币，其中1盎司银币荣获1990年世界硬币大奖"最佳银币"奖殊荣。这枚纪念币的背面图案"双龙戏珠"，选自九龙壁上的龙的造型，并以民间吉祥文化设计画面，构图左右对称，疏密有致，呼应得体，生动地体现了东方文化的美妙神韵。

然而，人们假若细心观赏，不难发现，币面下方的文字标注（面额、重量、成色）并非完全对称，而且双龙造型的细节处理也稍有差异。这种对称之中的不对称，更增添了美的丰富性和生动性。著名科学家李政道说："艺术与科学，都是对称与不对称的巧妙组合……单纯对称和单纯不对称都是单调。一个对称的建筑只有放在不对称的环境空间中才显得美，反之亦然。"

中国石窟艺术金币

对称之美，是一种宁静之美，庄严之美。2001年发行的中国石窟艺术（敦煌）金银纪念币中，1/10盎司金币的背面图案"北魏彩塑佛像"，塑造了佛之盘膝端坐、两手交叉、双目微垂的禅定形象。

这枚金币采用正面视角，左右对称设计，画面宁静和谐、恬淡自然，佛的沉静、端庄及眉目口角之间流露出神秘的微笑，令人宠辱皆忘，浮华顿头，心平如镜。被著名敦煌学专家常书鸿喻为"中国的蒙娜丽莎"。

（6）金银币上的错落之美

错落，是指不规则的分布或排列。作为中国古典园林造景和传统绘画章法之一，错落的运用，可于统一中求变化，避免雷同、齐整，增添生趣；视觉形象的正侧、俯仰、曲直、肥瘦、枯荣等，因错落而变得千姿百态，特色纷呈。

中国名胜金银币

错落之美在自然、艺术和现实生活领域中几乎随处可见。

1993年发行的"拥有一片故土"中国名胜金银纪念币，其中1/10盎司金币和1盎司银币"恒山"背面图案上的悬空寺，便是中国佛教寺庙建筑中妙用"错落"的典范。

悬空寺初建于北魏后期（约471－523年），现存建筑为明清两代遗物，它像一座巨大的玉雕屏风，座落于险象丛生的绝壁之上。悬空寺的独异之处，在于因地制宜，充分利用峭壁的自然状态布置和建造寺庙的各部分建筑，楼阁殿宇，高低相错，曲折迂回，参差有致，如天外飞来，居势险要，将坠不坠，可谓奇哉、悬哉、巧哉，堪称错落之美的天下奇观。唐代大诗人李白在石崖上题写有"壮观"二字，明代大旅行家徐霞客亦称之为"天下巨观"。

当然，错落并非杂乱无章，贵在"有致"，即突破旧的平衡格局，实现审美对象的多样统一，使之静中寓动，情趣盎然，充分体现各自美的潜质。在现代生活环境中，错落之美备受青年人的青睐，其中一个重要的原因便是张扬个性，打破四平八稳的生活节奏和循规蹈矩的思维模式。

建国60周年金银币

2009年发行的中华人民共和国成立60周年金银纪念币，其中1/4盎司和1公斤金币，以及1公斤银币，其背面图案均为火箭、卫星、高速列车、奥运场馆、吊塔、齿轮、麦穗及DNA链、电子信息符号等装饰造型。尽管设计元素多达10余种，却毫无造型堆砌、凌乱无序之感。整个画面，从上到下，各种造型高低错落，远近不同，意趣横生；既有整体布局的"大错落"，又有造型本身的"小错落"（如塔吊、麦穗），上下呼应，左右逢源，各臻其妙，生动地展现了社会主义中国现代化的壮丽图景。

（7）金银币上的均衡之美

在艺术美学中，均衡是指布局上的等量不等形的平衡，与对称是互为联系的两个方面，属于不对称平衡。除了大小、轻重以外，还包括线条、空间、明暗、色调等的作用，要求画面中各部分的景物有呼应、有对照，达到视觉的平衡和稳定。

中国贵金属纪念币以圆形为主，辅之以长方形、多边形、扇形、梅花形等其他形制。圆形是世界上最具均衡美的图形，像早晨的太阳、中秋的明月，令人心驰神往。圆形纪念币的设计图案，布局经营也必须遵循圆的轨迹，才能更好地体现均衡性美的特质。1989年发行的国际拯救儿童基金会70周年圆形纪念银币，其背面图案颇有意味。

图案描绘了一个扎羊角辫的小女孩吹着竹笛，另一个背书包的小男生正在给熊猫喂竹，以新中国儿童热爱生活、活泼向上的生活情趣，形象地表达了"救助儿童，让所有儿童都享有幸福、健康及安全的童年"的主题。人们一定会注意到，设计者为了追求均衡之美，可谓竭尽全力：一是画面以儿童和熊猫为重心，依照圆的韵律构图；二是币面上方画了一丛竹林及几支春笋，既使画面上下保持相对平衡，又作为远景增添意境；三是面额"5元"二字，犹如在天平中增加一个小"法码"，使整个画面出现最终的平衡和圆满，凸现赏心悦目的均衡之美。

国际拯救儿童基金会
70周年银币

中国民间神话故事彩银币

2003年发行的中国民间神话故事彩色金银纪念币（第3组）"鹊桥相会"5盎司银币，其背面图案更是一个均衡之美的典范。设计者在长方形的币面上，定格了牛郎织女七夕相会的感人情景，歌颂了天上人间最真挚、最伟大的爱情。玉皇大帝设下的一条银河，使一对夫妻每天遥寄相思，"盈盈一水间，脉脉不得语"。终于盼到了七月初七的晚上，才有了一年一度的相会。你看，牛郎挑着两个儿女，急匆匆向鹊桥中心走去，而织女更是像飞一样地奔向久别的情人。在两人即将相遇的那一瞬间，凝聚了多少无言之爱和无言之美。设计者用心经营的这个画面，无论布局或设色，都在"均衡"上大做文章，从彩云、鹊桥，金哥、玉女，到牛郎、织女，巧妙地实现了动态平衡和整体和谐。

由此可知，均衡与对称相比，是一种更灵活、更有拓展性、更富于变化的平衡与和谐，因而更有艺术魅力。

（8）金银币上的夸张之美

夸张是艺术创作的基本法则之一，即运用丰富的想象力，在客观现实的基础上，有目的地放大或缩小事物的形象特征，突出事物的本质，以增强表达效果；或加强作者的某种感情，烘托气氛，引起读者的联想。

2004年发行的中国民俗——元宵节彩色金银纪念币，其背面图案均为儿童闹花灯和中国传统建筑造型。

金银币画面背景右侧的四方亭，其飞檐一角，挂着3个灯笼。这便是一种缩小式夸张，即"缩小"了家家户户悬挂灯笼的景象。而身穿新衣的小"阿福"及其高举彩灯的造型，则是一种扩大式夸张，从胖脸蛋、白手臂到虎头帽、蓝肚兜、银手链等，都作了适度夸大和增强；至于竹竿上的那盏大花灯，更有与明月齐辉的感觉。尽管如此，人们不会以为这些夸张缺乏生活的真实，反而觉得比生活更突出、更鲜明、更动人，将元宵节的欢乐气氛和儿童兴高采烈的情态跃然币上，使人想起了自己难忘、有趣的童年时代。

中国民俗元宵节彩银币

2004猴年生肖金银币
正面图案

2004中国甲申（猴）年生肖金银纪念币圆形的正面图案采用民间剪纸造型，更是洋溢着艺术夸张的神奇。画面中心设计成一个桃形，下方以对称的两瓣桃叶和两朵桃花作为陪衬。桃形中桃花盛开，一只有趣的小猴子正蹲在树枝上，品尝着鲜桃的美味。这幅民间剪纸的夸张，正是对繁杂内容的条理化和规范化，去粗取精，删繁就简，在省略的基础上强调对象的特征，对物象最特殊的部分作扩大、缩小、伸长、加粗、变形等处理，使形象更具特征性和艺术魅力，以更好地寄托快乐吉祥、健康长寿、万事如意等寓意。

（9）金银币上的韵律之美

韵律，原指诗歌的内在旋律，引申为音乐的节奏规律或某些物体运动的均匀的节律。建筑被称为"凝固的音乐"，是因为建筑所引起的心情很接近音乐的效果。中国古典建筑往往通过错落有致的结构变化，体现节奏和韵律，小至宅院、大到宫苑，均有核心部位，主次分明，照应周全。从正门到后院，不同形状、大小、开合等的空间组合，以及明暗和虚实等的对比，步步引人入胜，都像欣赏一部交响乐，有序曲，有高潮，有尾声，一个乐章接着一个乐章，节奏鲜明，韵律生动，充满魅力，令人陶醉其中。

在金银币的构成画面中，节奏和韵律是同一图案在一定的变化规律中重复出现所产生的运动感，体现一种秩序的美感。许多反映体育运动的中国金银币图案，设计者往往把表现节奏与韵律美作为一种艺术追求。2002年发行的中国民俗——端午节纪念银币，便是成功一例。这枚银币的背面图案，描绘龙舟竞渡的热烈场面：宽阔的江面上，3艘龙舟分别作近景、中景和远景处理，以表现你追我赶、各展雄风的情景。设计的匠心在于，龙舟都不画整体：远处和近处，可谓"神龙见首不见尾"；中间勇夺魁首的那艘，则展现了舟尾旗帜高扬的精彩。显然，这种错落有致的布局方法，不仅拓展了画外的空间，而且产生了音乐的节奏效应。此外，龙舟上赛手们同心协力划桨的姿势，以及龙舟旁千层万叠、此起彼伏的波浪，除了体现装饰美感外，也同样蕴涵强烈的节奏美和韵律美，使人不禁吟咏起"棹影斡波飞万剑，鼓声劈浪鸣千雷"的古诗。

中国民俗端午节银币

中国石窟艺术银币

中国传统画讲究韵律，与诗歌和音乐崇尚韵律是一致的。正如古人所说："诗是无形画，画是有形诗。"画中的节奏和韵律，应该像诗歌和音乐那样，抑扬顿挫，铿锵有声。2001年发行的中国石窟艺术（敦煌）金银纪念币，其中5盎司银币的背面图案"唐代奏乐图"，选自榆林窟唐代壁画。图中乐手4人，前面一人领唱兼打拍板，其余3人分别作箫、笛和排箫协奏。人物造型生动，姿态优雅，配合默契；线描流畅飞动，饶有意趣。尤其是衣带末端卷曲的"S"或反"S"形，韵律优美，别具一格，与奏乐者的神情和动态相呼应，酿造出一种仙乐袅袅的美妙意境。

（10）金银币上的装饰之美

在当代金银币的画面上，常常可看到一些不同文化背景的装饰图案，与主题创意完美吻合，令人感受到一种历史的厚重感。金银币主图周边的各种装饰纹饰图案并非可有可无，它对于增强金银币的审美观感，深化主题内涵，犹如红花之于绿叶，具有不可忽视的作用。

中国少数民族文化银币

1997年发行的中国少数民族文化纪念银币，全套4枚，分别为冼夫人（黎族）、格萨尔王（藏族）、奢香夫人（彝族）、嘎达梅林（蒙古族）。其中"格萨尔王"的背面图案描绘了这位古代藏族英雄，一身戎装、骑马握弓、征战疆场的飒爽英姿。在藏族民间传说中，格萨尔是莲花生大士（藏传佛教开山祖师）的化身，他一生南征北战，惩恶扬善，弘扬佛法，为民造福，统一了大小150多个部落，成为藏族人民引以为豪的旷世英雄。据此，纪念银币以"上下式"边饰来烘托主题图案，即画面上部，以缭绕天空的"如意连云"纹，增添主人公身世传说的神秘感；画面下方，以藏民欢歌曼舞的场面，表现安居乐业的太平盛世景象。

2011兔年生肖金银币
正面图案

金银币的边饰设计，有的疏简，有的粗放，有的繁复，特色纷呈，各臻其妙。近几年来，随着新工艺、新技术的运用，金银币边饰变得越来越精致、美观，时代特色和生活气息也愈来愈浓厚。例如，2011中国辛卯（兔）年金银纪念币，其正面主图的边饰，以莲花、莲子、鲤鱼、卷草纹等构成连续图案，又将"中华人民共和国"及"2011"等字样叠加其上，并紧紧环绕于中国人民共和国国徽四周，寓意连年有余，国富民强，为广大民众和收藏爱好者所喜闻乐见。其纹饰之生动，雕刻之精美，意境之深远，大有"更上一层楼"之感。

第7节　金银纪念币生产工艺

平底镜面工艺

1. 平底镜面

贵金属纪念币的底平面要高度平整、光亮如镜，使其图案和底面的反差更为强烈，层次更为分明。这主要是通过对压印模具进行镀硬铬后再研磨、抛光等方法获得。我国绝大部分贵金属纪念币采用了此种工艺，如新中国发行的第一套金币——中华人民共和国成立30周年纪念金币。

2. 喷砂凝霜

应用目数不同的砂粒（或金属丸）将选定的底面或图案喷射成磨砂面，形成凝霜效果，增加图纹的立体感和层次感。与镜面工艺一样，我国绝大部分贵金属纪念币采用了此种工艺，比如中华人民共和国成立40周年纪念金币。

喷砂凝霜工艺

3. 反喷砂

反喷砂是在原浮雕或文字喷砂部分采用光亮工艺，而将币的底面进行喷砂工艺处理，从而得到完全不同的另一种艺术效果，且提升了该币的防伪特征。我国最早是在1992年版熊猫金币的"天坛"面上采用了此工艺。

反喷砂工艺

4. 隐形雕刻

隐形雕刻是运用计算机编程将两个不同的图案处理后分别表现在同一部位的两个侧面，造成从某一个角度能看到A图案，而换一个角度可以看到B图案的一种双重图像雕刻工艺，它可以使同一凸纹图案中产生两种不同图像的视觉效果。隐形雕刻技术具有一定的加工难度，并且需要具备较精密的加工设备，运用在制造贵金属纪念币上可以提高其防伪水平。1999年发行的澳门回归祖国金银纪念币（第1组）和2001年中秋节银币即采用了此种工艺。

隐形雕刻工艺

5. 双金属镶嵌

双金属镶嵌就是将两种不同色泽的金属采用组合的方法铸造出一种全新效果的金属硬币。它由两部分组成，即外环和内芯，其一问世，就受到了各国造币厂的充分重视和欢迎。所谓局部镶嵌（或局部镀覆），就是在单一金属硬币的某一局部图案上采用镶嵌或镀覆技术把另一种金属组合上去，这种技术主要应用在金银纪念币上，从而提高了金银纪念币艺术色彩和鉴赏效果。在单一金属铸造硬币基础上研发出了双金属镶嵌硬币，继而应用到金银纪念币上，现又发展到局部镶嵌（或局部

双金属镶嵌工艺

镀覆）的金银纪念币，极大地丰富了钱币库里的种类，满足了广大钱币爱好者的鉴赏和收藏需要。2000年发行的1/2盎司千年纪念金币即采用此种工艺。

6. 彩色图像

彩色贵金属纪念币的制作是采用一种特殊的移印工艺技术，在金属币上印制彩色图像。由于其打破了传统金属铸币的单一色泽，使得贵金属纪念币显得色彩斑斓、鲜艳夺目，币面人物、花卉栩栩如生，主题图案更加突出生动。1997年，我国发行了第一套彩色币"生肖虎年1/10盎司彩色金银币"。

彩色图像工艺

7. 激光全息

激光全息工艺

激光全息又称幻彩，是用高能激光束在模具表面蚀刻出高精度的线条，使金银纪念币表面呈现出多层次光效的一种工艺。把激光全息技术应用到贵金属纪念币上是一个新的尝试，在国际上也是近几年的事。采用激光全息制作的金银纪念币的图案时隐时现，令人着迷，魅力无限，同时也大大增加了金银纪念币的防伪性能。2002年观音幻彩纪念金币即采用此种工艺。

8. 电镀

根据设计和纪念币美观要求，在币面选定的部分或全部图案上电镀上其他金属。航天博览会银币和庆祝北京申奥成功纪念银币即采用此种工艺。

电镀工艺

坯饼深腐蚀工艺

9. 坯饼深腐蚀

采用特殊的化学试剂对坯饼进行抛光处理，使得纪念币镜面特别光亮，敦煌藏经洞发现100周年纪念银币即采用了此种工艺。

10. 高浮雕

高浮雕是相对于传统的浅浮雕而言，采用更高的浮雕来表现纪念币图案的层次感。2001年发行的敦煌石窟2盎司银币采用了此种工艺。

高浮雕工艺

11. 凹刻

凹刻是中国造币界创造的特有雕刻方法，即借助金属折光的原理，在币面的浮雕上采取凹向雕刻法，用以表现金银币上熊猫皮毛的黑白双色，解决了传统镜面喷砂工艺难以表现折光效果的难题。1983年我国发好行的熊猫金银币背面均采取了此种工艺。

凹刻工艺

微缩雕刻工艺

12. 微缩雕刻

微缩雕刻就是在原模型图案特定隐蔽部位雕刻肉眼不易查看到的细微文字或隐形图案，作为防伪手段。中华人民共和国建国50周年纪念币中的"开国大典"纪念币采用了此工艺。

13. 无边

取消纪念币表面的传统清边，用以表现特殊的效果。2001版熊猫普制金币、龙门石窟1公斤银币都采用了此种工艺。

无边工艺

仿旧工艺

14. 仿旧

采用硫化工艺处理银币表面，使之呈现暗黑色的古币效果。2001北京国际钱币博览会纪念银币采用了此种工艺。

15. 圆形打孔

我国古代的铸钱中间都有一个方形孔，象征着"天圆地方"，民间称这种铸钱为"孔方兄"，但自机制币出现后，就不再采用这种中间打孔的钱币形制了。为仿制古代的方孔钱，我国造币厂采用压印后再冲孔的工艺技术，制造出"大唐镇库"、"宝源通宝"等圆形方孔贵金属纪念币（章），以满足钱币爱好者的收藏需要。

圆形打孔工艺

16. 边部滚字

边部滚字就是在金属硬币边部的圆柱体立面上滚上各种文字和图纹，这种文字和图纹可以是阳文（凸出），也可以是阴文（凹入）。金属硬币边部滚上字符，一方面增强了硬币的鉴赏效果，另一方面也提高了硬币的技术含量。由于硬币边部滚字的工艺技术较为复杂,这就给制造假币者增加了技术难度。近几年我国铸造的部分贵金属纪念币品种也应用了这种技术。采用此工艺的有:1999年发行的中华人民共和国成立五十周年1/2盎司金币即在边部铸有"ZHONGGUO"字样。

17. 连续斜丝齿

通常金属硬币边缘的连续丝齿均是与硬币轴径相互垂直的,而连续斜丝齿却与硬币的轴径有一个交错的角度。由于有了这个角度,就给金属硬币的压印带来了很大的困难,亦向传统的造币压印工艺提出了挑战。换句话说,也就是增大了硬币的制造难度,提高了硬币的技术含量和防伪程度。目前世界上采用这种工艺技术制造硬币的国家极少,我国已于2001年将这一技术应用到部分贵金属纪念币上。2001版熊猫普制金币、北京申奥成功一周年纪念银章采用了此种工艺。

18. 异形

异形币

传统的机制币形制主要为圆形,大多数金属硬币的边部有连续丝齿,少数为平边无丝齿。后来人们为丰富金属硬币的形制,同时也为了提高硬币的制造难度,增加硬币的防伪技术含量,又研制开发出了非圆形的硬币,从三边形到十几边形都有,而应用于流通硬币的形制主要有七边形、十边形等。用于制造金、银、铜纪念币的异形币有三边形、长方形、环形、扇形、椭圆形、盆形及镶拼式等等。中国贵金属纪念币为体现创新并表现特殊题材,采用了长方形、扇形、梅花形、多边形等多种形状。

第8节 金银纪念币常用术语

1. 法定货币

由国家法律规定的中央银行或取得发行权的金融机构发行的各种货币称为法定货币,包括纸币和各种贵金属硬币等。

2. 法偿性

人民币和各种贵金属纪念币是法偿性货币。就是说,凡在中华人民共和国境内的一切公私债务,均以人民币进行支付,任何债权人在任何时候均不得以任何理由拒绝接收。

3. 贵金属

构成自然界的109种元素中，铂族元素和金、银等因其自然资源少、物理化学性质稳定等原因，被称为"贵金属"。贵金属包括金（Au）、银（Ag）、铂（Pt）、钯（Pd）、铑（Rh）、锇（Os）、铱（Ir）、钌（Ru）8种金属。

4. 纪念币（精制币）

纪念币（精制币）是一个国家为纪念国际或本国的政治、历史、文化等方面的重大事件、杰出人物、名胜古迹、珍稀动植物、体育赛事等而发行的法定货币，它包括普通纪念币和贵金属纪念币。质量一般为精制，限量发行。

5. 普制币

普制币在国际金银币市场上有两种解释，一是指投资金银币；另一是指金银币的质量标准，即非精制币。

6. 贵金属币

贵金属币由黄金、白银、铂、钯等贵金属材料所铸造的国家法定货币。

7. 投资币

投资币是金银币的一个大类，是指技术规格标准、含金量明确、升水低、易于投资的贵金属纪念币。金银币在国际上一般分为纪念性金银币和投资性金银币。纪念性金银币一般有明确的主题内容，限量发行，质量为精制，升水较高，价格较贵；而投资性金银币不一定有明确的主题内容，一般采用代表一个国家象征图案即可，每年可不换图案，发行量不限，质量为普通质量，价格是国际贵金属价略加较低的升水，可自由买卖，随时向指定银行或金店兑现。

8. 技术规格

金银币在生产铸造时都要有明确的技术规格要求，包括币的形状、重量、含金银量、成色、直径或者长宽尺寸、面额、精制或普制质量等，统称为技术规格。

面额（元）	材质	成色（%）	质量	重量（oz）	形状	直径（mm）	最大发行量（枚）
100	金	99.9%	精制	1/4	圆形	22	20000
正面图案	中华人民共和国国徽，并刊国名、年号						
反面图案	清华大学建校100周年校庆标志图形，并刊"清华大学建校100周年"中文字样、"TSINGHUA UNIVERSITY CENTENARY CELEBRATION"英文字样及面额						

金银纪念币技术规格说明

9. 含金银量

金银币不都是由纯金、纯银铸造的，根据各国、各地的不同习惯和要求，金银币铸造可按不同成色的比例确定金银币的含金量、含银量，如成色为99.9%，金币重量为1盎司，其含金量为99.9×31.1035克。

10. 成色

金无足赤，黄金没有绝对的100%纯度，总是含有其他物质成分。因此，用成色来表示黄金的纯度。国际上通用两种成色标记方法，一为百分比，一为K单位。百分比有90%、91.6%、99.9%等；K单位有18K、22K、24K等（一个K含金量为4.166%，18K=18×4.166%=74.998%，24K=24×4.166%=99.984%）。金银币一般用百分比表示。民间还用千足金（含量为99.9%）和足金（含量为99.0%）来表示。

11. 发行量

各国纪念性金银币，无论是套是枚，都有固定的发行数量，公布的发行量是限定的，不能随意变更，这是金银币的发行信用；而非纪念性金银币发行量不限，一般是以年终统计的销售量为发行量并予以公布。

12. 铸造量

铸造量是一种金币或银币的实际生产量，可以是阶段的，也可以是累计的，但铸造量不会超过一种金币或银币法定的发行量。

13. 盎司（oz）

盎司（oz）为国际通用的金银币重量名称，一盎司为31.1035克。我国金银币多用盎司计量，有时也用克来表示。

14. 国际黄金价格

国际黄金价是每天浮动的，一般以伦敦金市为标准，有开盘价、中间价和收盘价，其他还有纽约、苏黎士、香港等地区的金市价格，我国多采用伦敦每日收盘价作为我国金银币出口的计价价格。

15. 证书

金银币为一个国家的法定货币，其中纪念性金银币均配有发行机关领导人签名的质量信用证书，纪念金银章有时也配有证书作为质量保证。

16. 正面图案

金银币一面上制作有"国徽"图案、"中华人民共和国"文字和"发行年号"，称为正面图案。

17. 背面图案

金银币一面上制作有主题图案的称为背面图案。

18. 原值

原值是金银币本身黄金白银的价值。金银币的原值保证了收藏投资者的一部分利益。

19. 面值

金银币的面值是指币面上标示的货币价格，依照《中华人民共和国银行法》和《中华人民共和国人民币管理条例》的规定，面值是贵金属纪念币作为国家法定货币的象征性符号，它并不等同于贵金属自身的价值。金银币不用作流通，按国际惯例金银币面值都要远远低于含金量的价值。具体面值标注实例见第2章配图。

金币规格	面额标注（元）	银币规格	面额标注（元）
1/20盎司	20	1/4盎司	3
1/10盎司	50	1/2盎司	5
1/4盎司	100	1盎司	10
1/3盎司	150	2盎司	20
1/2盎司	200	5盎司	50
1盎司	500	10盎司	100
5盎司	2000	1公斤	300
1公斤	10000		
10公斤	100000		

20. 升水

金银币在销售时，其本金本银部分是以国际价格为准确定的，而加工费和利润部分称为升水。

21. 发行价

金银纪念币由中国人民银行发行，由中国金币总公司总承销。发行价是金币总公司及下属分销商的最低零售价格，代表央行的信誉，该价格在整个销售过程中固定不变，并不得低于该价格出售。

22. 指导价

中国金币总公司通过下属分公司和全国各地的特许经销商完成金银纪念币的发售。通过各地分销商的区域性市场宣传、推广，允许金银纪念币在发行价的基础上浮动一个比率（一般在10%以内）作为零售指导价发售给消费者。同时完成金银纪念币在二级市场上的首次定值。

23. 市场价

金银纪念币通过各地分销商流向社会消费领域以后，进入社会的民间交换市场，在那里形式市场价。各地分销商在发行出售满一个月后，即进入市场价格变化。市场价格的变化则由需求关系决定，也同时受题材、发行量、制作工艺、个人喜好和宏观经济环境等因素的影响，市场价格上下波动，不论高于还是低于零售指导价，都是正常现象。从而完成金银纪念币的第二次增值或贬值。

第9节 金银纪念币和金银纪念章的区别

金银纪念币和金银纪念章的材质都是贵金属，在外形上基本相同，容易产生混淆，以致于在收藏和投资金银纪念币过程中出现误区，甚至造成损失。金银纪念币和金银纪念章有以下几大区别。

（1）有无面额标志

有无面额是金银纪念币和金银纪念章最明显的区别，面额是国家法定货币的标志，金银纪念币上标有面额，而金银纪念章则没有，这就显示了它们在性质上的不同：金银纪念币是国家的特种法定货币，具有法律地位和强烈的垄断性、排他性；而金银纪念章就不具备这一特性。

（2）审批机构不同

在审批程序、铸造工艺和成色上也有所不同，金银纪念币是由中国人民银行发行的，铸造工艺要求极高，且成色标准；而金银纪念章往往由公司或企业组织发行，随意性比较大，质量上也逊色一些。

（3）发行量变化

在发行量上，金银纪念币按国家规定计划发行，发行量一次锁定并公布于众，金银纪念章的发行量则根据市场需要可多可少。

（4）配发证书不同

金银纪念币必须配发鉴定证书，标明法定货币、发行部门、铸造厂家、经销单位、正背面图案介绍、国名、年号、成色、面额、含金银量、中国人民银行行长签章等；而金银纪念章有的配发证书，有的不配发证书，即使配发证书，其内容与金银纪念币证书也有不同。这些区别使得它们在国际上的信誉差别很大。

金银纪念币的价格一般高于金银纪念章，在收藏和欣赏纪念币时，要仔细察看币面和证书，尤其是要确认有无面额，不要把纪念章误认为是纪念币。当然强调币与章的区别并不是否定章的纪念性和投资性，只是想帮助消费者进一步理清概念，走出误区，增强理性投资意识，从而能更好地欣赏、收藏、投资金银纪念币和金银纪念章。

中华人民共和国成立60周年1公斤纪念金币　　　　中国共产党成立90周年1公斤纪念金章

第2章作业练习题

1. 简答题

（1）金银纪念币的定义及基本属性。

（2）金银纪念币的五大特征是什么？

（3）列举十种中国金银纪念币的主题题材及典型品种。

（4）体现在金银纪念币上的艺术美有哪些，试举例说明。

（5）列举十种制作金银纪念币的加工工艺。

（6）纪念币和纪念章的区别。

（7）什么是金银纪念币发行价、指导价和市场价？

2. 名词解释

投资币——

纪念币——

正面图案——

背面图案——

原值——

面值——

盎司——

技术规格——

3. 实地考察金银纪念币经销市场和实物观赏

时间：周六或周日

地点：当地中国金银纪念币特许经销店和相关经营市场

要求：上交一份实践报告或感受心得

第2章配图

中国金银纪念币面值标注实例图

1/20盎司金币 面值20元	1/10盎司金币 面值50元	1/4盎司金币 面值100元	1/3盎司金币 面值150元
1/2盎司金币 面值200元	1盎司金币 面值500元	5盎司金币 面值2000元	1公斤金币 面值1万元
10公斤金币 面值10万元	1/4盎司银币 面值3元	1/2盎司银币 面值5元	1盎司银币 面值10元
2盎司银币 面值20元	5盎司银币 面值50元	1公斤银币 面值300元	

第**3**章

当代中国金银纪念币欣赏

本章知识点

◆金银纪念币的鉴赏价值

◆世界五大投资金银纪念币介绍及欣赏

◆重大历史事件金银纪念币介绍及欣赏

◆传统民族文化系列金银纪念币介绍及欣赏

◆珍稀动物系列金银纪念币介绍及欣赏

◆科技发展系列金银纪念币介绍及欣赏

◆开光系列金银纪念币介绍及欣赏

第1节　中国金银纪念币的鉴赏价值

自1979年中国人民银行发行第一套金银纪念币——中华人民共和国成立30周年纪念金币至今，中国当代金银纪念币已经走过了30余年辉煌的发展历程，累计已向海内外发行了15大系列，约350个项目，近2000个品种的金银纪念币，题材涉及重大政治历史事件、中国和世界杰出历史人物、中国熊猫、珍稀动物、中国古典文学名著、中国古代科技发明发现、中国世界遗产、民族传统文化生肖、京剧文化艺术、国内外体育运动、中国佛教艺术、中国石窟艺术、中华传统民俗等。内容体现了我国五千年的文明历史和源远流长的中国文化以及科技和社会主义现代化建设成果。这些金银纪念币以其广泛的题材、丰富的内涵、新颖的设计、细腻的雕刻、精良的铸造和浓郁的民族文化特点，深受海内外广大钱币集藏者的青睐。中国金银纪念币产品真正成为世界上独具特色的一流的艺术产品。

当代中国金银纪念币的鉴赏价值主要体现在其美学方面。所谓的币之美，是币给欣赏者展示美的感受。币的美感是其自身包含各种元素所产生的综合作用，给人在视觉上的感觉和精神上的享受。当代中国金银纪念币具有国家法定货币特征，包含了发行机构及集藏者所强调的纪念性和艺术性，其作用已经不在于执行货币流通功能，而是演变成一种艺术品、收藏品和投资品。

因此，当代中国金银纪念币的美学内涵是指主题的纪念性、文化性、图案设计、材质选用、制作工艺、包装设计等元素的综合反映，从而体现币的鉴赏价值以及投资价值。

1. 币的视觉美

币的美学首先是币给人以视觉感官的冲击，产生美感。这是金银纪念币的图案设计、包装设计、材质选用、制作工艺等对人的视觉产生的直接作用，使人直观地对它产生美的、艺术上的感受。

金银纪念币的包装是其有机组成部分，当一枚币拿到人们手中时，第一眼看到的是它的外包装，如包装的整体构思、立意、设计手法、文字、图片、材质等与其纪念主题紧紧相扣并且体现出锦上添花的效果，它的包装美就会让收藏者耳目一新，就会使收藏者产生要仔细欣赏藏在包装里面的贵金属纪念币的渴望和需求。

币的图案设计是金银纪念币之美最重要的依托和载体。图案设计就是将金银纪念币的主题通过币面图案进行深化，创造出艺术形象鲜明的艺术品。币的图案美是通过构图安排、形象特征（人物、动植物、自然景观等造型特征）、线条描述、造型塑造等艺术手段组合实现的，使得方寸大小的金银纪念币生动展现变化万千的人文、历史、自然、建筑、人物等主题思想。

2. 币的工艺美

造币的生产工艺和技术是金银纪念币图案美实现的创作手段，币的工艺美是其美学的一个重要体现。将精美的图案移到方寸大小的金属表面上，要遵循一定的设计原理和金属制作工艺规律，如选择好的坯饼、好的模具、好的雕刻师、好的工艺技术，依靠精良的铸造工艺和新技术，才能实现图案在金属上的熠熠生辉。

应该说，图案美和工艺美是构成其美学的两大重要因素。当前，国际造币界很注重提高造币基础工艺水平和工艺技术创新。彩色币、高浮雕、深腐蚀、反喷砂、异形币、组合币、防伪技术、激光全息等工艺和技术得到广泛应用，增加了金银纪念币的科技附加值。

3. 币的文化美

纪念币的题材包含了纪念性和文化内涵，这就赋予了金银纪念币的文化美，使币的美学得到升华。作为一位钱币爱好者或购买消费者，首先选择的便是自己喜爱的纪念题材，然后关注其包装、图案、工艺、材质等。当一枚金银纪念币具有重大的纪念意义和文化内涵，其题材的文化美就自然得到体现，这也是当代金银纪念币存在并得到发展的生命力所在。币的文化美赋予了币的文化价值，是"币之美"的灵魂所在。

金银纪念币的视觉美、工艺美和文化美最终使其具备较高的鉴赏价值和投资价值。当一枚金银纪念币题材重大，具备很高的社会文化历史内涵，设计图案精美，铸造精良，发行量相对较小时，这枚币的鉴赏价值和投资价值就会较大，拥有者从而会获得较高的收藏、投资效益，同时也获得精神上的享受。这是金银币之美在精神文明的社会层面和市场价值层面上的表现。

第2节　世界五大投资金银纪念币

1. 世界五大投资金币

目前国际上公认的五大投资金币为：中国熊猫金币、美国鹰洋金币、加拿大枫叶金币、南非克鲁格金币、澳大利亚袋鼠金币。

金币在国际上一般分为纪念性金币和投资性金币。纪念性金币一般有明确的主题内容，限量发行，质量精制，价格较贵。投资性的金银币，不一定有明确的主题内容，一般采用代表一个国家象征图案即可，图案固定，发行量不限，可自由买卖，并随时向指定银行或金银销售店兑现。

（1）中国熊猫金币

中国熊猫金币选题独特，设计新颖，工艺精湛，成色标准，规格齐全，自成系列，兼具投资性与纪念性双重属性，在世界造币界独树一帜，屡获国内外奖项，深受各国收藏者青睐。

1982年中国人民银行发行了第一版的熊猫普制金币，这是熊猫金币中唯一没有面值的一套。1983年起发行的熊猫金币都标上人民币面值，每枚金币纯度一直为99.9％。熊猫金币的五个标准规格是1盎司、1/2盎司、1/4盎司、1/10盎司和1/20盎司，并组成一个标准套币，合计重量为59.1克。

每年发行的熊猫金币正面图案均为国名、北京天坛祈年殿、年号，背面图案采用的是大熊猫图案。其他国家发行的普制金币每年图案不变，只换年号。我国熊猫金币确定每年更换图案，表现不同姿态的熊猫形象，这更增加了它的艺术魅力和收藏价值。唯有2001年、2002年熊猫图案相同。

中国熊猫金币

1983年熊猫金币采用的图案是行走的熊猫，设计铸造精美，该币在1983年国际硬币大奖赛评比中获得本年度世界最佳金币奖。

南非羚羊金币（克鲁格金币）

（2）南非羚羊金币

羚羊金币又称克鲁格金币，国内也称福格林金币。南非是世界上最大的产金国，为了促销其出产的黄金，南非在1967年发行克鲁格金币，此后，风行世界。克鲁格金币正面有南非共和国第一任总统保罗·克鲁格的侧面像，故称克鲁格金币，反面图案是跳羚，故得名羚羊金币，每枚金币纯度一直为91.7%。

（3）加拿大枫叶金币

枫叶是加拿大的象征，也是加拿大国旗的图案。枫叶金币自1979年发行以来，畅销北美、拉丁美洲、欧洲和远东地区。枫叶金币正面是伊丽莎白二世的肖像，背面是加拿大的枫叶标志。加拿大枫叶金币纯度非常高，在世界上首屈一指，为99.999%。

加拿大枫叶金币

美国鹰洋金币

（4）美国鹰洋金币

美国铸币局在1986年首次发行了美国鹰洋金币。根据法律规定，为保证金币的硬度，金币必须渗加银、铜合金，所以美国鹰洋金币纯度只有91.67%。

美国鹰洋金币的正面图案是自由女神右手举火炬，左手拿着橄榄枝，背景是美国国会大厦；背面图案是一只雄鹰带着橄榄枝回到迎接他的母子鹰巢。整个画面颇有美国大兵拯救世界后胜利回家的感觉，很有美国味。

（5）澳大利亚袋鼠金币

澳大利亚袋鼠金币于1986年推出，正面是伊丽莎白二世，背面是澳大利亚的标志——袋鼠，所以这套金币又被称为金袋鼠。与中国熊猫金币一样，其每年更换金币背面袋鼠造型图案。澳大利亚袋鼠金币纯度为99.99%。

澳大利亚袋鼠金币

世界投资金币五强都是产金大国，其金币推出时间都比较早，设计制作技术成熟。中国的熊猫金币设计相当出色，推出时间也较早，名声享誉世界，从而济身世界投资金币五强。

2. 世界五大投资银币

世界五大投资银币分别是：美国鹰洋银币、加拿大枫叶银币、澳大利亚考拉银币、奥地利音乐银币和中国熊猫银币。

（1）美国鹰洋银币

美国鹰洋银币由美国造币局铸造，是当今世界上销量最大的银币。美国鹰洋银币自1986年11月24日开始发行至今，银币只有1盎司一种规格，且其正背面图案每年均保持不变。它的正面图案为美国国徽"白头鹰"、"美利坚合众国"国号以及代表美国最早独立的13个州的13颗星，背

美国鹰洋银币

面为美国自由女神像及自由字样。在铸造工艺方面，美国鹰洋银币将浅浮雕与高浮雕巧妙地结合在一起，将自由女神飘逸妙曼的情态展露得惟妙惟肖。美国鹰洋银币是世界上销量最大的银币，目前的年销售量约500万盎司。

加拿大枫叶银币

（2）加拿大枫叶银币

加拿大枫叶银币由加拿大皇家造币厂铸造，它是世界上纯度最高的银币。枫叶银币发行始于1988年，其正背面图案每年均保持不变。它的背面为加拿大的国徽"枫叶"及加拿大国号和9999纯银标志；正面图案为英女王伊莉莎白二世的头像、面额和徽号。从视觉效果来看，枫叶银币的设计非常精炼、简洁、精致、和谐，它以柔和的曲线勾勒出伊丽莎白二世亲民和蔼的一面。加拿大的枫叶银币以精、纯闻名于世界，它是世界上唯一以99.99%纯银打造的超纯投资银币。

（3）澳大利亚考拉银币

澳大利亚考拉银币由澳大利亚珀斯造币局铸造，它是世界上第一枚纪念考拉的银币。在此之前，澳大利亚传统的银币主要是袋鼠和笑翠鸟银币。自2007年起，澳大利亚才开始发行考拉银币。考拉银币的

澳大利亚考拉银币

正面图案为英女王伊莉莎白二世的头像和徽号，背面图案为一只可爱的考拉妈妈和她的考拉宝宝坐在树枝上。澳大利亚的考拉银币传承了英国皇家的造币技术，它以凹凸的雕刻手法，精雕细琢，巧夺天工，完美地展现了考拉的可爱及憨态，进一步烘托出了可爱的考拉形象。澳大利亚考拉普制银币含纯银1盎司，成色99.9%，面额1澳元。

（4）奥地利音乐银币

奥地利音乐银币

奥地利是著名的音乐之国，维也纳爱乐乐团享誉世界。奥地利音乐普制银币为奥地利的法定货币，正面图案为维也纳音乐厅"金色大厅"，背面图案由低音提琴、大提琴、小提琴、大管、竖琴、圆号等乐器组成。

奥地利音乐普制银币含纯银1盎司，成色99.9%，面额1.5欧元，是世界上唯一带有欧元面额的普制币，由奥地利造币股份有限公司铸造。

（5）中国熊猫银币

自1983年起开始发行中国熊猫银币，其正面和背面图案与熊猫金币保持一致。从1998年起，中国熊猫银币的两个标准规格是1盎司和1公斤。2003年起又增加5盎司规格。目前一直保持着这三个小、中、大的规格发行，满足不同收藏投资者的需求。1983年发行的中国熊猫银币，荣获了1985年"世界硬币大奖"最佳银币奖。

中国熊猫银币

第3节　中国熊猫金银纪念币

大熊猫

中国熊猫金银纪念币是世界五大投资金币之一，自1982年发行以来，每年变换主题图案，既有精制币，又有普制币，已发行了30多个项目，150多个品种，是中国当代金银币发行品种最多、数量最大的项目，也是中国当代金银币出口最多的项目，是中国当代金银币的代表品种，并逐步成为世界知名的投资金币之一。

中国熊猫金银纪念币每年作为固定项目发行一组，每逢中国熊猫金币发行5周年，10周年，15周年，20周年，25周年和30周年会增加一个纪念项目。

熊猫，又称大熊猫，是一种最古老的动物，其祖先的生活年代可以追溯到1200万年以前，与它同时期的动物如剑齿虎等，都早已灭绝并已成为化石，而大熊猫却一直生存至今，被人们称为"活化石"。现在，大熊猫主要分布在中国的四川、甘肃、西藏等地，由于其稀少而备显珍贵，已经被世界环保组织列为一级保护动物，是中国国家一级保护动物，有中国国宝之誉。

世界自然基金会会徽

大熊猫形似熊而略小，体长1.2～1.5米，体重50～80千克，头圆嘴短，身体大部分为白色，眼睛、两耳、四肢、肩部为黑色。其喜食竹，性孤独，为群栖；怕寒冷，又畏炎热。大熊猫经过漫长的历史发展而能够生存到今天，反映了它具有顽强生命力。为保护"大熊猫"，中国政府将其列为国家一级保护动物，世界野生动物基金会以其形象作为会徽。近年来，中国政府和人民将大熊猫作为珍贵礼物赠送到法国、日本、美国、英国、墨西哥、西班牙、俄罗斯、德国等国家，大熊猫以其憨态可掬的形象受到了各国人民的广泛欢迎，享有"友好使者"的美誉。

资料卡片

世界自然基金会（WWF）

世界自然基金会（原名为世界野生动物基金会）是在全球享有盛誉的、最大的独立性非政府环境保护组织之一，简称WWF（World Wide Fund for Nature）。其于1961年9月成立，创始人是英国著名生物学家，曾任联合国教科文组织第一任总干事朱立安·赫胥黎先生。其基本目标是遏止地球自然环境的恶化，创造人类与自然和谐相处的美好未来。致力于：保护世界生物多样性；确保可再生自然资源的可持续利用；推动降低污染和减少浪费性消费的行动。

世界自然基金会徽标主题是一只大熊猫，其真实原型名叫"熙熙"（Chi-Chi）。1961年，大熊猫"熙熙"到英国伦敦动物园借展，造成万人空巷的场面。WWF认识到一个具有影响力的组织标志可以克服所有语言上的障碍，于是一致赞同将大熊猫动人的形象作为该组织的象征。从此，可爱的大熊猫便成为全球自然保护运动的一个偶像性标志。

1. 中国熊猫金银纪念币独创的制作工艺

中国钱币设计铸造专家为了展示熊猫黑白两色和顽皮的天性，凭藉深厚艺术修养及功力，运用独特的制模技术，完美地展现了大熊猫的风采，尤其为了表现大熊猫的黑白两色，更是搅尽脑汁，费尽心机。表现大熊猫就必须表现大熊猫的黑白两色，而黄金、白银各自只有单色，如何表现两色，成为困扰铸币专家的一个难题。后经过反复研究发

凹刻折光法　　　　　　　反面喷砂法　　　　　　多层次反喷砂

现，贵金属平面在不同光线下会产生不同的光感，形成不同的颜色，进而发现，黄金的平面经过镜面处理以后，强光会折光反射出去，形成金光色，而在另一种角度会吸光变成黑色。所以，专家们运用黄金白银的折射和反射出现的光面和暗面产生的白与黑的效果，发明了凹刻折光法，使熊猫金银币产生了一种特殊的黑白艺术魅力，表现了大熊猫的特点和本色，具有极高的艺术价值。随后，铸币专家不断创新，1996年发行的熊猫金银币，首次采用反喷砂工艺来表现熊猫的黑白毛色，金银币上的熊猫至此更加栩栩如生。而到了21世纪，随着喷砂工艺的突飞猛进，多层次喷砂工艺渐渐开始运用到熊猫金银币的制作上。2001版的熊猫金币运用多层次喷砂工艺，使熊猫的黑白两色被很好地表现出来。同时，通过这样的表现手法，熊猫金银币的背景也更加丰富立体。这些设计新颖独特，铸造工艺先进，不同规格、大小各异的熊猫金银币选题独特，图案奇美，铸工精湛，自成体系，更兼投资性与纪念性双重功能，在世界币坛独树一帜，深受钱币爱好者和收藏家喜爱，屡获国内外大奖。

2. 中国熊猫金银纪念币获奖币欣赏

（1）1983年版熊猫金银币获得1985年"世界硬币大奖"最佳金币奖和最佳银币奖

这是中国熊猫金币史上第一次获奖。1983年版熊猫金币采用的图案是熊猫在竹林前行走的动态，熊猫银币采用的图案是大熊猫边吃竹、边与幼崽嬉戏的场面，不仅表现出大熊猫的憨态可掬、稚趣昂然，在真实的基础上，最大程度表现出大熊猫在世人心目中即定的审美形象，银币还将母子熊猫之间浓郁的温情亲子氛围也深刻地表现出来了。

1983年版熊猫金银币

画面中熊猫的四肢、眼、耳等部分采用中国独特的造币工艺技术——凹刻法进行雕刻，其余部分进行浮雕喷砂处理，借助金属折光的原理，活灵活现地表现了熊猫皮毛的黑白双色和毛茸茸的感觉。美国《新闻周刊》载文称赞"这套金银币确实富有魅力，人们已成了它的狂热追求者"。

（2）1986年版的中国熊猫金币荣获"中国工艺美术百花奖"金杯奖

中国熊猫金币自1982年发行以来，每年均变换熊猫图案，充分展现熊猫各式各样的可爱动作。1986年版的中国熊猫普制金币的图案为一只与竹嬉戏的熊猫，该币荣获"中国工艺美术百花奖"金杯奖。这是熊猫金币首次获得国内大奖。

1986年版中国熊猫金币

2001年版中国熊猫金币

（3）2001年版中国熊猫金币荣获2003年"世界硬币大奖"最佳金币奖

2001年版中国熊猫金币图案为"竹林熊猫图"，行走的熊猫造型意喻中国熊猫金币走向国际市场的成功里程和道路。其中1盎司金币荣获2003年"世界硬币大奖"最佳金币奖。在2001年新加坡举办的亚洲货币展上荣获"最受欢迎的钱币"奖。

（4）2009年版中国熊猫金币获得2010年《德国钱币》世界钱币评选第一名

2009年版的熊猫金币背面图案含有特殊意义，竹林里两只熊猫面对面坐在一起，紧靠在一起，四目相望，似乎正在说些什么，眼睛里充满了关爱。我们可以很明显地体会到一种支持的力量，抱团过冬的勇气。2008年的金融危机波及全球，让世界各国都始料未及，而面对困难，中国作出了积极扩大内需等措施，中国的各企业、单位等也积极采取措施，做好了迎接"冬天"的考验。金银币也反映和记录着历史，记录着时代，这个时代需要相互支持、需要"抱团取暖"，2009年版熊猫币也记录了这一段历史。

2009年版中国熊猫金币

3. 中国熊猫金币发行10周年纪念金币欣赏

为纪念中国熊猫金币发行10周年，中国人民银行，于1991年发行了5公斤金币1枚，其直径为150毫米，面额为10000元。

中国熊猫金币发行10周年纪念金币

这枚金币是中国当代贵金属纪念币中的里程碑式标志。其设计语言简练，正面仍沿袭以往的北京天坛祈年殿图案，背面图案则别开生面地将10年来熊猫金币的所有造型沿币面外沿排成圆形头尾相接状态，充分显示了这10年来熊猫金币发展的轨迹，使这10年的历史很形像地展现在人们眼前，币面设计以中心新的熊猫造型为亮点，以四周环绕的10年熊猫金币图案为基础，主题是熊猫造型的不断反复、重现，凝聚了人们的视线，对10年来熊猫金币的成果一目了然。

这是中国第一次铸造如此巨大的金币。当时的沈阳造币厂已具有规模，技术人员队伍强大，设备配置完善，使其成为当时最具国家水平的造币厂。其在铸造这枚中国当时最大金币的期间，克服了坯饼的制作、工艺难度冲铸的设备压力不足、金属定量的严格控制等方面的技术难题，十分艰难地完成了这个光荣任务。

如今，这枚5公斤熊猫金币因其铸造量稀少（限量10枚），已成为世界著名珍惜钱币之一。这是熊猫故乡——中国人民的骄傲。

4. 中国熊猫金币发行30周年金银纪念币欣赏

中国熊猫金币首发于1982年，2012年为熊猫金币发行30周年。为此，中国人民银行发行了中国熊猫金币发行30周年金银纪念币。该套金银纪念币共3金2银，是一组构思独特、图案奇美、雕刻新颖、铸造精良的金银纪念币。

1/4盎司纪念银币

1/4盎司圆形银质纪念币的背面图案设计独特，给人全新的感觉，"30"中的"0"被设计成了熊猫头部卡通造型，面值"3元"也与主题和谐相衬，周围点缀着三十个五角星，代表三十年的历程。

5盎司纪念金币

5盎司金币背面图案上，大圈套着小圈，一只"而立之年"成年大熊猫吃到高兴，就拿着竹枝跳起舞来，它的一只手彷佛在转动如同岁月年轮的小圈，"2012、2007、2002、1996、1991、1987、1982"七个年份突出显示，中间穿插着其余的二十三个年份，井然有序，三十年历程尽在眼前。长城象征伟大的祖国，挺拔的竹子扎根中华大地，竹子是大熊猫最主要的食物来源，竹林是它们赖以生存的自然环境，只有祖国强大了，环境保护加强了，才能让我们的国宝大熊猫更好地生存繁衍。

1盎司金币和5盎司银币上，喷砂工艺区分开了熊猫的黑白色。1盎司金币上，两只写实的熊猫栩栩如生，熊猫妈妈正在大嚼竹叶，熊猫宝宝正在"拿大顶"，像个小孩一样，自己玩得不亦乐乎，胖乎乎的身躯让它没能双脚离地，笨拙而又可爱。它们身旁的泥土中，鲜嫩的竹笋钻了出来，孕育了新的生机，象征了新的希望。

1盎司纪念金币

5盎司银币上，竹林山石边，一只熊猫幼仔在妈妈怀里撒娇，和妈妈一起津津有味地吃着竹叶，另一只贴着地面，寻着妈妈的气味也赶来"就餐"。熊猫妈妈照看着自己的孩子，给它们温暖和安全。

1/10盎司金币上的两只熊猫采用了镜面折光技术，黑白分明。线条刻画的熊猫轮廓和水中的倒影，笔力刚劲，淳朴自然。给我们勾勒出，清晨的竹林里，一只熊猫妈妈带着一只小

5盎司纪念银币

1/10盎司纪念金币

熊猫在竹林里悠闲地玩耍漫步，熊猫妈妈走到小溪旁，对着水中自己的倒影正在寻思，后面的小熊猫悄悄地躲在一丛竹子的后面，好奇地打量着妈妈的行动，脸上露出顽皮的笑容，着实惹人喜爱。工艺方面，这枚金币采用了计算机三维浮雕设计软件进行浮雕的设计制作，立体层次更加丰富。

5. 1982—2012年熊猫金银投资币图案欣赏

熊猫金银投资币正面图案取材于北京天坛祈年殿，每年图案固定保持不变，其意图就是传承中国文化。北京天坛祈年殿作为中国古代帝王祭祀的重要场所，彰显出了皇族的尊贵和对神明的敬畏，是中国重要的历史文化古迹，更是闻名世界的物质文化遗产。

1982—2012年正面图案

熊猫金银投资币与世界其他国家发行的投资性金银币的固定图案有所不同，其背面的大熊猫图案每年更换，大熊猫不同姿态的变化，扩大了欣赏的品位，提高了收藏的情趣，提升了收藏的价值。

这些造型独特和图案精美的熊猫金银币凝聚了设计者丰富的艺术想象力。熊猫金银币中的大熊猫有坐持青竹，憨态可掬的；有缓步漫行，悠然自得的；有河边饮水，生活休闲的；有爬坐树枝，翘首观望的；有侧坐扭身，竹溪漫步的；有调皮玩耍，和谐相处

的。许多大熊猫的动作在生活中很难或者根本不可能看到，这是设计者在了解大熊猫生活习性的前提下，充分发挥丰富的艺术想象力，对大熊猫形象进行拟人化创作。

把1982年发行以来的熊猫金银币放在一起，数十种不同的大熊猫形象，无论坐、卧、立、行，还是缓、急、闲、忙，无论持竹玩耍还是悠然休闲，我们看到的是一幅幅独特的画面，看到的是设计者的独具匠心，看到的是创新的力量。熊猫金银币图案的主角有单只的大熊猫，也有多只大熊猫，既有朋友相处，也有情侣相偎和母子相依；大熊猫的刻画有写实的，有带装饰风格的，有卡通效果的；币的外观有窄边的、宽边的和无边的；工艺处理从凹刻折光法到反喷砂处理及多层反喷砂效果，使熊猫的黑白特色更趋逼真；币上的文字排列也各不相同。在熊猫金银币这个大系列中多种元素统一在一起，既反映了时代的烙印，也满足了人们对物质文明和精神文明的追求。从一枚小小的熊猫金银币中我们享受、品尝和体验到的都是美的艺术。

1982—1989版熊猫金币

1990年版熊猫金币

1990年版熊猫金币的图案为一只顽皮勇敢的熊猫攀爬在高山的一块石头上，面带微笑地回看山下的风景，好像也在回首他经历的8年风雨变幻。身后的竹林也寓意在全中国重点保护我们的国宝——大熊猫及其家园的号召下，取得的良好效应，使得我们的大熊猫得以一片食物充足、环境优美的栖息地。

1991年版熊猫金币背面图案为一只大熊猫沿石阶坐在小溪旁，双脚浸在水中，全神贯注、有滋有味地品尝着鲜竹。身后映衬有茂密的野生丛林，水中的小草

1991年版熊猫金币

1992年版熊猫金币

显露了溪流的生机。

1992版中的熊猫，选取的是其在野生环境中，攀援在高高枝丫上悠闲张望的动态，造型生动，形态可掬，憨厚中蕴藏着灵敏，笨拙中流露出活泼，煞是惹人喜爱，较准确地表现了熊猫的特性。在生动刻画熊猫形态的同时，1992年版还较注重植物的描绘，突破了松竹类的框框。在表现手法上层次分明，错落有致，构图上丰满、匀称，营造出枝繁叶茂野生丛林的氛围，有力地深化和烘托了熊猫这个主题。1992年版在文字的安排和处理上也作了变化。将原来的"含纯金1/2盎司、成色.9991/2oz"精简为".999Au1/2oz"，更好地在有限的币面上表现熊猫及其生活的环境。

1993年版熊猫金币背面图案为一只大熊猫立于石阶上，身旁是郁郁葱葱的竹林，还有新鲜竹笋刚刚窜出地面。大熊猫双手撑地，略显憨厚地转过头来望着远处的竹枝，不晓得它是刚刚用餐后稍作休息呢，还是停顿片刻准备大快朵颐？

1993年版熊猫金币

1994年版熊猫金币背面图案中，大熊猫十分惬意地在溪边竹林享受它的美味。只见它双脚微微翘起，全神贯注地将鲜竹送入口中。无论是头部表情的设计、脚步细节的勾勒，还是溪水、竹笋、小草、花朵、竹林环境的映衬，都使得币面十分生动。

1994年版熊猫金币

1995年版熊猫金币背面图案为写意熊猫食竹图，令人印象深刻。打破了以往大熊猫整身形象的设计，第一次采用半身特写的方式。币中大熊猫双手握住一棵竹枝，动作优雅，与人撑伞的动作极其相似，甚是可爱。

1996年版熊猫金币背面图案为一只可爱的小熊猫攀爬到树干顶端，头顶树冠，脚踩枝丫，四肢紧紧地抱住树干，俯身向下调皮地张望，仿佛与同伴们玩着"捉迷藏"的游戏。简单的画面，将熊猫灵活与调皮的一面生动地展现出来。

1995年版熊猫金币

1996年版熊猫金币

1997年版熊猫金币背面图案为一只大熊猫爬到一棵树干之上，稳稳地站立，并且身体前倾，面带微笑，似乎是为花香所吸引，非要一探花容。它的四周被花

1997年版熊猫金币

草包围，银杏状的叶子装饰着币面，意境非常。

1998年版熊猫金币

1998年版熊猫金币背面图案为一只大熊猫优雅地侧卧在一块大石上，略俯身轻探，若有所想。设计师对大熊猫的姿势刻画非常精妙，只见币中熊猫单手撑地，双腿向内微曲，一副安逸舒适的摸样，此时的它手中还不忘捏着一枝青竹，或赏或玩或正欲独享。边上竹林环绕，小草为伴，其境悠然。

1999年版熊猫金币背面图案为一只大熊猫俯身蹲在一块山石之上，双手撑地，微微向前探望。其身后和山石旁边是葱郁的竹子。它略显笨拙的身姿与极欲登上山石的表情，让人猜想有可能是饱餐过后想要自在地小憩片刻了。

1999年版熊猫金币

2000年版熊猫金币背面图案为一只大熊猫俏皮地坐在地上，手擎一棵竹枝仔细地打量。它身材圆润，双脚还微微翘起，造型笨拙又可爱。币面的其他空间为竹叶造型装饰，画面饱满、温馨。

2000年版熊猫金币

2001版和2002版熊猫金币背面图案相同，采用了无边工艺，具有很强的视觉冲击力。画面中大熊猫穿过竹林踱步而来，前景竹叶纹理清晰可见，后景竹林茂盛，层次感很强。2001版1盎司普制熊猫金币荣膺2003年克劳斯世界硬币大赛之"最佳金币"大奖，这是熊猫普制金币时隔18年后再次获此殊荣。该套熊猫金银纪念币国内版由原深圳国宝金币制造厂铸造，国际版由上海造币厂铸造。其中，国内版的普制金币、银币加铸了英文字母"D"。

2001年版熊猫金币

2002年版熊猫金币

2003版熊猫金币在设计上只选取了熊猫的局部造型，在币面内又分割出了一个圆形的空间，使得整个币面景中有景、画中有画，而且还有着充分的留白。在工艺上这枚币整体采用了全喷砂和反喷砂设计来展现熊猫之美。与普制熊猫金币同图案的1盎司银币荣膺《德国钱币杂志》2003年度"世界十佳硬币"大奖第2名。

2004版熊猫金币为普制熊猫金币家族中首次出现的一对熊猫的图案——母子熊猫图。画面上一大一小两只熊猫在竹林中漫步，似乎在交流着什

2003年版熊猫金币

2004年版熊猫金币

么，大熊猫舐犊情深的眼神令人印象深刻。该币荣膺《德国钱币杂志》2004年度"世界十佳硬币"大奖。

2005年版熊猫金币在设计上又一次采用了币面分割出圆形空间的手法，采用母子熊猫图来展现大熊猫的生活场景。与上一年母子熊猫图表现舐犊情深不同的是，该年的图案是母熊猫坐在竹林中目光慈祥地望着自己的孩子，而小

2005年版熊猫金币

熊猫将一把鲜嫩的竹叶递上前去让母亲品尝的场景，母熊猫对孩子的深情与小熊猫反哺的孝心通过这样的动作表现得淋漓尽致。

2006年版熊猫金币

2006年版熊猫金币沿用了币面同时出现两只熊猫的图案风格，该枚币中两只熊猫自顾自地品尝着鲜美的竹子，一副怡然自得的神情。在设计上通过透视效果表现出了两只熊猫以及山石竹林的远近距离，使得整个币面构图饱满、层次丰富。

2007年版熊猫金币依然采用了母子熊猫图案，在工艺上采用了镜面底面，与熊猫主图的喷砂、反喷砂工艺形成了鲜明的对比。画面配以一丛翠竹

以及数棵竹笋，大小两只熊猫坐在竹旁，悠闲地嚼着竹子。特别是小熊猫低头摆弄竹叶的可爱造型格外惹人喜爱。2007年版的熊猫纪念币更有一个鲜明的特点，那就是它采用了黑色的背景，为这枚币增添了不少神秘的色彩。正面的祈年殿在黑色的衬托下显得金闪闪的，而祈年殿的两侧更多了如夜幕下灯光一样的扩散翼，让人觉得就像是在皎洁的月光中游览祈年殿中的一景一物。

2007年版熊猫金币

2008年版熊猫金币采用了非常独特的画面切割方式，使得圆形币面与横竖直线形成鲜明的对比，通过这种分割方式也使得镜面与喷砂效果出现明显反差，与熊猫的黑白皮色相得益彰，使这枚币有着与众不同的美感。

2009年版熊猫币面图案上下各分割出一个区域，用喷砂的手法表现了竹叶的造型。这种币面构图方式将会在

2008年版熊猫金币

2009年版熊猫金币

近年的熊猫币中得到延续，使熊猫币的造型更加系列化与规范化。该年1盎司熊猫金币荣膺《德国钱币杂志》2009年度"世

界十佳硬币"大奖之榜首,这是中国贵金属币第一次在该项大赛中夺魁。金币上两只亲密的熊猫聊着天,表现了熊猫栖息生活的场景形象。这是一套意涵丰富,反映和谐社会,追求生态平衡的时代精神的纪念币。

2010版熊猫金币背面图案为双熊猫图。图案以写实和拟人化手法描绘了两只健康可爱和憨态可掬的幼年熊猫相背而立、觅食嬉戏的场景。通过运用细腻的多层次喷砂、镜面和反喷砂的铸造工艺表现大熊猫的立体造型和黑白颜色,把大熊猫的形态表现得栩栩如生,进一步增强了币面的艺术效果。

2010年版熊猫金币

2011版熊猫金币背面图案为大小两只可爱的大熊猫,样貌憨厚,相对而立,姿态亲昵,小熊猫仿佛在听取大熊猫的谆谆教诲,充满温情,背景衬以竹林。币面采用上下分割的构图,运用装饰风格的竹叶与写实风格的竹林相互印衬的艺术手法。

2011年版熊猫金币

2012版熊猫金币背面图案为一对熊猫母子,造型憨态可掬,背景衬以竹林,画面充满了温馨的气息。整幅画面采用了上下分割的构图设计,整体风格和谐、饱满。自2009年起,熊猫金银币在设计风格的延续性和工艺效果上进行了统一并延用至今。

2012年版熊猫金币

第4节 中华人民共和国建国金银纪念币

1979年,为纪念新中国成立30周年,经国务院批准,中国人民银行发行了我国第一套当代贵金属纪念币——"中华人民共和国成立30周年纪念金币",揭开了我国当代贵金属纪念币发行的序幕。

之后每逢十年,于1989年、1999年和2009年中国人民银行分别发行了"中华人民共和国成立40周年金银纪念币"、"中华人民共和国成立50周年金银纪念币"和"中华人民共和国成立60周年金银纪念币",该系列纪念币生动、深刻地记载了我国社会主义建设取得的伟大成就,描绘了我国建国以来的每一个历史节点。

纵观四套祖国华诞金银纪念币,发行跨度三十年,纪念币设计图案、设计理念、制作工艺、品种变化等方面日益精湛,充分展示了中国当代贵金属纪念币的设计与工艺水平。

1. 中华人民共和国成立30周年纪念金币欣赏

单纯简洁是新中国第一套贵金属纪念币，也是建国题材开山之作——"建国30周年"纪念金币的主要特征。金币以天安门广场上的四座标志性建筑——天安门、人民英雄纪念碑、人民大会堂、毛主席纪念堂为图案，体现了在中国共产党领导下，全国人民前赴后继，推翻三座大山，创建了新中国，并努力把我国建设成为富强、民主、文明的社会主义现代化强国的主题。金币画面上的建筑形象稳重大气，挺拔简练，没有一丝一毫多余的装饰，但具有很强的视觉冲击力，涌动着颂扬新中国的主旋律，简练、朴素、真挚却也不失机趣。"建国30周年"纪念金币是中国现代金币和建国题材的开山之作，在它身上，我们看到了20世纪70年代末80年代初鲜明的思想印记和独特的艺术追求，当时的钱币文化站在历史的交汇处，注重中国文化中的现实主义传统，同时也汲

中华人民共和国成立30周年纪念金币

取了西方现代主义艺术的营养，庄严肃穆的建筑形象寓涵了当时中国的国家力量，单纯简洁的构图体现出深厚的时代使命感，表现出对新中国成立30周年民族发展、社会变革的伟大赞颂与深情关注。虽然那个时候的金币设计简单，甚至有些单调，但其中寄予的挚热心灵与单纯情感却显得弥足珍贵，显示了中国现代钱币文化在它刚刚诞生之初素朴和昂扬的美，与特定时代心理息息相通。

30年后再看这套金币，可以明显感觉，设计较为平淡，可用"威严有余，生动不足"这句话来评价。30年前的1979年，正是改革开放之初，传统的僵化的政治观念还没有完全突破"禁区"。中国金币发行刚刚起步，金银币设计自然也无法背离政治大环境，设计者的思路有待开阔，这是完全可以理解的。

2. 中华人民共和国成立40周年金银纪念币欣赏

时间指针走向1989年，迎来中华人民共和国40岁的生日。"建国40周年"金银纪念币相比于"建国30周年"金币，丰富的不仅是规格设置，还有图案设计，在设计的立意与传达内容上也显得更有新意。该套币共有四枚，包括20盎司金币、1/4盎司金

币，及27克银币（2枚）。与"建国30周年"金币单纯而直率的艺术语言相比，该套币在图案设计的装饰性与内容含量大幅度增加。

20盎司金币

20盎司金币，正面图案是国徽下各民族大团结欢庆新年的热烈场面，背面图案以著名油画"开国大典"为蓝本。这枚现在只能在顶级钱币拍卖会上非常难得露脸的早期大规格精品金币，体现了早期中国贵金属纪念币开始从简单构图向追求装饰性的重大转变。礼花、云彩、吉祥花卉，这些被打下特殊时代记号而富有特色的装饰图案，开始作为钱币装饰艺术的重要组成元素被强化，其不仅是作为图案元素的重要组成部分，而且在追求装饰、美化的同时将其寓意化，寓意中心主题所指是热烈、欢庆，这种与图案内容严丝合缝组合起来的带有寓意的装饰，用以表达当时国人对于建国大庆的热烈自豪之情。

另外三枚小规格纪念币，1/4盎司金币画面上，天安门配仙鹤象征吉祥，27克银币上人民大会堂配鸽子象征和平，万里长城配雄鹰象征社会主义祖国的腾飞向上。这种隐寓深刻的表现手法将比喻、通感联想等中国传统装饰文化的特征充分发挥出来，把在中国传统文化中具有某种象征寓意的物象巧妙地与重要地标建筑组合统一在一枚纪念币的画面里，用以表达某种意念，反映中华民族热爱和平、追求幸福生活、追求国家与民族积极发展的理想，使现代中国和传统中国形成了一场巧妙的艺术对话。

1/4盎司金币　　　　　　　　　27克银币两枚

采用形式多样、寓意深邃的吉祥图案无疑是中国当代钱币有别于西方钱币的重要特色。这些带有装饰性的构成要素不仅是图案形式美感的需要，而且是其寓意的一种视觉化表达。从"建国40周年"金银纪念币的画面设计上，我们已经开始看到这个特色。

3. 中华人民共和国成立50周年金银纪念币欣赏

进入21世纪，建国题材纪念币在设计上更加追求装饰性，吸纳融汇民族取之不尽的实用主义的装饰元素，在充满想象力的艺术空间里，力求将建国题材纪念币表现得更具美学鉴赏性。

5盎司金币

1999年，中华人民共和国迎来了建国50周年大庆。"建国50周年"金银纪念币是现已发行的建国题材金银币中规格设置最丰富的一组。该套币共有六枚，包括5盎司金币一枚，1/2盎司金币一枚，5盎司银币一枚，1盎司银币三枚。

中华人民共和国成立50周年金银纪念币以国花牡丹为主线贯穿整个装饰题材，配以新的表现手法，颠覆了旧的图案装饰方法，从装饰形式到构图上，力求创新，使作品富有强烈的时代气息，打破了原来单一的装饰格局，摆脱了前面两套建国题材币的审美观念。在各种装饰图案造型中凸显以下两个主题。

第一，牡丹图案。国花牡丹以各种各样的姿态在纪念币上盛开，有的一枝独秀，有的是人物手上的装饰物，国徽和"50"周年徽记旁边也飘洒着它们的婀娜身姿。牡丹是富贵吉祥的象征，其大量运用牡丹花纹，营造出繁花锦绣的举国喜庆气氛。

第二，几何变形。原本单一的国

1/2盎司金币

徽、数字在这套币里的表现手法同样多种多样，比如"50"的造型，"50"数字巧妙地和国徽衔接在一起，"0"的线条还变形为象征着和平的橄榄绿叶，其中蕴含着许多现代流行艺术美学的元素和绘画结构，视觉上显得丰满多彩。

"建国50周年"金银纪念币充分运用装饰元素的表现力，注重于画面气氛的统一与谐和。相比于"建国40周年"金银纪念币，其在细节方面更加大量地应用具有表现意味的视觉元素。除上述的牡丹花纹和数字变形造型外，三枚1盎司银币的画面相比以前的建国题材银币，也有了层次更加丰富的变化，特别是其中的"辉煌成就"1盎司银币，第一次在建国题材纪念币上使用不规则的构图手法，象征国内生产总值（GDP）的"箭头"成为构图结构的中心，调动"箭头"的指向位置，来演示"1949-1999"中国社会的巨变兴旺，这是建国题材纪念币在构图方式上的第一次突破，形象地表现了向

1盎司银币三枚

上和外延的内涵，构图形式呈现丰富多彩的变化，具有较强的视觉冲击力和最大的信息量。这枚银币设计得相当成功，在10年后的"建国60周年金银纪念币"上，我们还能看到这种开放式的不规则构图继续发展。

"建国50周年金银纪念币"更加追求图案的装饰性和丰富的构图方式，无论是大量牡丹花纹的运用、数字造型的变形，还是追求画面纵深感的不规则构图，每一个手段都是在利用造型元素增强纪念币的艺术观赏性。这也是建国题材纪念币中画面层次感最强、形象元素最繁复的一套纪念币，神州大地繁花锦绣、热闹多彩的图案设计正好映衬出50年大庆的热烈喜庆气氛。

4. 中华人民共和国成立60周年金银纪念币欣赏

"建国60年"纪念币一套共5枚，3金2银，正面图案以国徽衬以庄重、大气、富贵、娇艳的牡丹花纹饰设计，加强了主题表现的凝重气氛，背面图案设计了两个画面。设计者独辟蹊径，巧妙地利用"柔"与"刚"两种截然不同风格，将新中国60年的成就完美地表现出来。其中"柔"的一枚，以中国门为主元素，中国门向世界打开，大门之内，城市建筑是高度，高速列车是速度，坚实的大桥与虚飘的彩带，与门前盛开的鲜花相组合，构成了富裕而和谐的中国，营造打开国门、喜迎春风拂面的气氛。"刚"的一枚，完全平铺直叙，简练语汇：火箭与卫星象征中国的科技现代化；高速列车象征中国改革开放30年的突飞猛进；奥运场馆鸟巢象征国家开放、经济强大；而吊塔、齿轮、麦穗这些传统图案，则表明社会主义祖国踏踏实实的脚印。与之相对，DNA链、电子信息符号等装饰造型，又表明现代化的中国与时俱进，将以更快的速度冲击更高的

金银币正面图案　　　　1/4盎司金币背面图案　　　　1盎司银币背面图案

目标。对比四组"建国"题材金银纪念币的设计，应该说本组设计更具鲜明特色，更高一筹。

从1949年到现在，建国60年一路凯歌。10年一次大腾飞，10年一个大跨越，10年一个大发展。从这个角度，前后4组"国庆"题材的金银纪念币，是新中国发展的一个缩影。金银纪念币上的新中国这部"岁月时光"，闪烁着思想的光彩，闪动着智慧的火花，启迪着对江山如此多娇的理解，产生了对于祖国命运和民族兴衰的关注。让人们在欣赏币的艺术美同时，爱国之情油然而生。

第5节　重大历史事件——辛亥革命金银纪念币

100年前的1911年，以孙中山先生为领袖的革命党人在平静古老的中国土地上发动了推翻清王朝的革命。这次革命在中国大地上树起了民主共和的旗帜，建立了中华民国。这是在中国历史上具有重大意义的事件。

新中国建立60多年以来，每逢十年党和国家都会以最高规格举行纪念辛亥革命的活动，成为全国政治生活中的重要大事。在纪念辛亥革命五十周年大会上由周恩来总理发表了讲话、在纪念辛亥革命七十周年大会上，由胡耀邦总书记发表了讲话；在纪念辛亥革命八十周年大会上，由杨尚昆主席发表了讲话；在纪念辛亥革命九十周年大会上，由江泽民总书记发表了讲话；2011年，在纪念辛亥革命100周年大会上，胡锦涛总书记发表了讲话。胡锦涛称，孙中山是伟大民族英雄，共产党人是孙中山开创的革命事业最坚定支持者，辛亥革命未改变中国人民悲惨境遇，但为中华民族发展进步探索了道路。100年历史表明，爱国主义是中华民族精神核心。像这样60年一贯进行的政治生活大事，只有中华人民共和国国庆、中国共产党生日可以与之相比拟。辛亥革命不仅仅是20世纪初期的一次革命运动和重大政治事件，辛亥革命更以其本身的魅力影响了近代整个中国的历史进程，积淀了近代以来中华民族的革命传统和文化传统，成为团结和凝聚中华民族力量的一个重要源泉。

中国金银纪念币发行史上，为了纪念辛亥革命，曾于1981年、1991年、2001年和2011年分别发行了辛亥革命70周年金银纪念币、辛亥革命80周年金银纪念币、辛亥革命90周年流通纪念币和辛亥革命100周年金银纪念币各一套。

1. 辛亥革命70周年金银纪念币欣赏

1981年辛亥革命70周年之时，正值中国金银币发行初期，为弘扬民族精神，缅怀革命先驱，中华人民共和国中国人民银行首次发行了辛亥革命70周年金银纪念币一套2枚。其中金币1枚（1/2盎司，发行量1500枚），银币1枚（1盎司，发行量4000枚）。我国发行的贵金属纪念币第一次涉及军事题材的是辛亥革命70周年金银纪念币。

1981年发行的这枚"辛亥革命70周年"纪念金币，是从中华人民共和国法定货币的角度，对孙中山先生的一种高度认同。金币重1/2盎司，直径27毫米，面额400元，发行量为1500枚。这是中国人民银行发行的第一枚"辛亥革命"题材、同时币面主图为孙中山先生的金币。

当年"孙中山"纪念金币的发行，因为不知道如何在这枚金币上表现这位缔造共和的伟人。最稳妥的方法，就是走循规蹈矩传统之路。今天我们看到的"辛亥革命70周年纪念"金币，最上方环书"中华人民共和国"七个大字，中央为孙中山半身像；下方刊"辛亥革命七十周年纪念"字样，下沿缀底，是"1911－1981"的字样。如此一枚金币，就这样平实而温和地浮现在公众的面前。

30年过去，淡淡的毫无新意的设计，却经受住了时间的考验。虽是平淡之作，也是经典之作。30年后重新欣赏，居然还能从中感受得到其端庄、大气、敦厚。

辛亥革命70周年金银纪念币正面图案

分析原因，最重要的一点，就是设计者准确把握住了"孙中山"的内在特质。因此，整个币面设计虽规范严谨，但恰恰符合金币本身的"纪念"性质。

成功的是币面正中的孙中山半身像。半身是向左偏侧的半身，目光正视着前方。孙中山半身像相对较多，但设计者单单挑这一幅为主图，大胆猜测，是有特别的用意的。1981年，中国的政治大环境并不是很开放，对于孙中山的评价也褒贬有之。选择孙中山左侧半身像，看似无心，实则有意，设计者是想借这个左侧，传递一个非常重要的信息，就是历史上，孙中山曾经倾向于共产党这一面。

但我们从币中读到的，更多是伟岸孙中山犀利而深邃的眼光。在所有孙中山肖像中，这是最能体现孙中山精神的一幅。他的出彩之处，在于他的双眼。用两句话来诠释，无疑是：坚定而充满思索，坦荡而饱含深情。

在孙中山眼中，我们看到他的思索是坚定的。他坚信自己提出的"驱除鞑虏，恢复中华，创立民国，平均地权"的革命宗旨会在中华大地得到最大范围的认可。我们还看到他的深情是坦荡的，用他自己的话说，叫"天下为公"。他坚信他提出的"民族"、"民权"、"民生"三大主义，最终会在中华大地上得以实现。

武昌起义是中国历史上石破天惊的事件。1911年10月10日夜，城外辎重营与城内工程第八营，率先举枪起义，继而各营揭竿而起，经过一夜苦战，最终攻克总督府，占领武昌，取得起义成功。武昌起义创建的湖北军政府，成为共和政权雏形，并引发各省积极响应。从而迫使清帝退位，促使中华民国诞生。这石破天惊的事件，结束了清王朝长达两百多年的封建统治，也结束了中国长达两千多年的封建帝制。中国金币选用纯金材质表现这一重大主题，是对历史史实的尊重，是对辛亥革命志士的敬仰，同时，也是为了铭记这永远不能忘却的纪念。

"辛亥革命70周年纪念"金币的背面图案，原稿出自置于天安门广场的人民英雄纪念碑须弥座大型浮雕"武昌起义"。这是武昌起义"惊天地，泣鬼神"光彩瞬间的定格。画面上的6位革命军将士，无论是持枪前行的士兵，挥剑指挥的军官，或是手握斧头的平民，都沉浸在夺取革命火热激情之中。此

辛亥革命70周年金银纪念币背面图案

时，他们已经摧毁湖广总督门外的大炮，正拾级而上，冲向曾经不可一世的总督府。币面之外，总督府内，能感受熊熊火焰正愤怒燃烧。币面右下方呈现的，是打断在石阶之上的总督府牌子，是被践踏在地且撕成碎片的清龙旗。设计者以深浅浮雕的制作工艺，特别突出了起义将士眼中对胜利的渴望，突出了起义将士脸上浮现的对胜利的期待。紧握武器的两手，能喝令三山五岳让道，弓步前行的两腿，泰山压顶也不弯其腰。通过纪念金币背面图案上革命军将士的形象，依然能让我们强烈感受到其强大的震撼力。

2. 辛亥革命80周年金银纪念币欣赏

1991年辛亥革命八十周年，中国人民银行发行了辛亥革命80周年金银纪念币一套4枚。其中金币2枚（1盎司发行量1800枚，8克发行量3900枚），银币2枚（5盎司发行量1500枚，1盎司发行量2500枚）。

辛亥革命80周年金银纪念币背面图案

8克金币半身像主要刻画了孙中山先生伏案作文的形象，画面上其神情凝重，手紧握毛笔悬于纸上，未落半字，可见他当时深为身处封建统治下的国家与国民忧虑，正因为如此，他提出以"三民主义"实现"天下为公"的伟大民族理想。其他三种图案无论是身着中山装还是戎装，我们都可以从神态、动作各异的雕像中，回顾先生一生的不平凡经历。无论何时何地，永远都是那么充满革命激情，意气风发、激昂奋进，充分展示了孙中山先生的光辉形象。

除了塑像外，其他场面均为革命地点或场景。孙中山先生为推翻清王朝的统治，从

清光绪二十年（1894年）创立兴中会起，至1911年武昌起义之前，组织过多次武装起义。其中影响最大、最为悲壮的就是1911年3月29日的广州起义。起义失败了，同盟会骨干会员牺牲了百余人，同盟会会员潘达微冒死收殓烈士遗骸72具，丛葬于黄花岗。1918年，爱国人士和海外华侨为了纪念这次起

辛亥革命80周年金银纪念币正面图案

义的死难烈士，捐资修建了黄花岗烈士陵园。80周年纪念币之1盎司金币和5盎司银币的正面图案，雕刻的是武昌起义指挥部大楼。1911年9月24日，文学社与共进会在武昌召开了由双方负责人和新军代表60余人参加的联席会议，会上组建了起义的领导机构——起义总指挥部。8克金币和1盎司银币上雕刻的是南京临时大总统府旧址。1911年10月辛亥革命爆发后，1912年1月1日，孙中山先生在此处宣誓就任中华民国临时大总统，并组建了中国历史上第一个共和制的国家政权——中华民国临时政府。

3. 辛亥革命90周年普通纪念币欣赏

辛亥革命90周年普通纪念币正反面图案

2001年，辛亥革命九十周年，中国人民银行又发行了"辛亥革命90周年"普通纪念币一套1枚。

该流通纪念币为黄铜合金，面额为五元，与同等面额人民币等值流通，为中华人民共和国法定货币。其正面图案为国徽，以飘带作其衬景，内缘上方为"中华人民共和国"国名，下方为"2001"年号。纪念币背面图案反映了90年前的辛亥革命。画面来自人民英雄纪念碑上的武昌起义浮雕的一部分，翻开页面有"辛亥革命"字样，内缘上方纪值"5元"汉字，下文为"90周年"汉字。纪念币背面浮雕图案的下方采用隐形雕刻技术制作了"1911-2001"字样，还采取缩微文字技术，在"1911—2001"字的两边，各有一组细小的两个文字，前边的为"辛亥"，后边的为"革命"。

中国人民银行铸造的"辛亥革命九十周年"普通纪念币，是铸造技术、防伪技术及水平最好的纪念币之一。该币发行总量1000万，精装祯80余万份。收藏价值可观。

4. 辛亥革命100周年金银纪念币欣赏

中国人民银行于2011年9月30日发行辛亥革命100周年金银纪念币，包括1/4盎司金币和1盎司银币各一枚，正面图案均为中华人民共和国国徽，背面图案分别是孙中山像

和"武昌起义"浮雕。

"辛亥革命百年"1/4盎司纪念金币背面图案设计的最大特点就是简洁。从1911年到现在，百年风云，如果是本大书，1月为1个页码，厚厚的有1200页；如果是幅长卷，1年为3尺横批，长长地展开来便有30丈。何等的气势，何等的壮观。而这些内容，要想完整地铸于重1/4盎司、直径22毫米的金币之上，简直是天方夜谭。唯一捷径，便是"简洁"。设计师准确地把握到了这一点，他以凝练的金属货币设计语汇，把"百年辛亥"主题明快地、通透地呈现于币面之上。孙中山肖像为

辛亥革命100周年
纪念金币背面图案

主图，占2/3币面；左上环为"辛亥革命一百周年纪念"，10个大字正好占据了内缘的1/4；下缀前起后至年代"1911—2011"，精致而有压秤之用；面额"100元"有特殊的含义，即"100"与"百年"相对应，"元"又有"起始"之特别意义。所有这些附加文字又集中安置于币面左上方，展开联想，便是一面迎风飘扬的旗帜。而币面之右，大量留白，如一张白纸，任其书画无数的内容。"简洁"是金，对"百年辛亥"的一切尽在不言之中。

简洁不等于简单。简洁的另一面，就是对局部、对细节的精雕细琢。在"辛亥革命百年"金币的背面，这种精细主要体现在"孙中山"的面部神情之上。孙中山着装，与同题金币其他几款肖像不同，既不是中山装，也不是戎装或西服，而是介于中西特色之

出现在金银纪念币上的孙中山服装款式

间的便服，其最大特点就是向上包住颈部的立领。而这一款"孙中山"，又是同题金币中最显年轻的一款肖像。头发向右梳理，自信又富有个性，浓眉浓到刚毅，大眼大到明澈，上唇的八字胡须，又体现出政治家的干练与思想家的睿智。由此，忧国忧民的浩然正气，凝聚中华民族之气的性格魅力，全部展现于币面之上。就是这样的一位民主革命的先行者，作为辛亥革命的大旗，对中国从传统社会向现代社会的转型，对新的民主政治制度建立与捍卫，起到了关键性的推进作用。而在这个政治启蒙运动过程中，中国经济、文化等领域也发生变化，逐步走向现代文明。辛亥革命百年之际，通过"辛亥革命百年"金币，把这层意思表达出来，俨然就是最好的纪念。

辛亥革命100周年
纪念银币背面图案

"辛亥革命百年"1盎司银币背面图案设计为上、中、下3个部分。"上弦月"区域为银币主题，上环"辛亥革命一百周年纪念"，下缀"1911—2011"，如一把打开的折扇。"下弦月"区域为面额"10元"，很简洁，很凝练。中间区域则为一条玉带，上面精心雕琢的就是大型浮雕"武昌起义"的画面。

1911年10月10日，"大江涌，龟蛇醒，起烽烟。"风起云涌的深秋之夜，武昌古城上空，起义枪声戛然而起。战斗是激烈的、残酷的，场面是宏大的、壮观的，这个改变中国历史的夜晚，百年之后的今天，无论怎样描述都不为过。银币"辛亥革命百年"还是把大型浮雕"武昌起义"铸于币面。这是辛亥革命题材艺术品的经典，半个世纪以来，没有任何美术作品能够超越。

以1盎司纯银材质铸就的"武昌起义"，通体散发着没有一丝杂色的纯银之光。银白之色所象征的意义就是还历史以真实和客观。

第6节　中华民族传统文化生肖金银纪念币

1. 生肖文化

中华民族五千年来的文明史创造了灿烂辉煌的传统文化，博大而精深。十二生肖，是中华传统文化中历史悠久、影响面最广、生命力很强的民俗传统文化，深入到中华民族的每一个家庭、每个人，影响到世界五大洲的许多国家和地区，涉及天文、地理、宗教和文化艺术等许多领域，蔚为壮观。

中华民族与生肖文化有着密不可分的联系。人们可以从出生起就有对应的生肖属相，每个中国人都知道自己的属相。属相就是十二生肖，而推算属相，则一定要先弄清楚干支纪年。所谓干支，就是天干地支。干支纪年是从中国古代战国时期的太岁纪年法发展而来的。十二生肖是干支纪年演化出来的一种特殊的动物纪年法，盛行于民间。古代东汉王充著《论衡》一书《物势》篇，记载了"十二辰篇"。其中就有子鼠、丑牛、寅虎、卯兔、壬龙、巳蛇、午马、未羊、申猴、酉鸡、戌狗、亥猪。另外，还在《言毒》篇中提到"辰为龙"。东汉十二生肖的动物名称，与流传至今的完全一样。

十二生肖蕴含了中国人民的智慧与憧憬，饱含了人们对幸福生活的向往与吉祥福喜的寄托之情。生肖文化的一个积极因素是吉祥祝福，中华民族自古善良，被誉为"礼仪之邦"，以思想表达、精神追求、感情传递、心理祈望为目的的吉祥文化，广泛、丰富而浓厚，是我国传统民俗文化的重要组成部分。生肖属相作为伴随每个人一生的动物形象，既是一个人的出生符号，铭记年岁的依据，用当代人的话来说，也是一个人相伴

资料卡片

干支纪年

干支——天干地支

"甲乙丙丁戊（wu）已（yi）庚辛壬（ren）癸"为十天干；

"子丑寅卯辰巳（si）午未申酉（you）戌（xu）亥"为十二地支。

六十甲子——用天干中的"甲、丙、戊、庚、壬"和十二地支中的"子、寅、辰、午、申、戌"相配，用天干中的"乙、丁、已、辛、癸"和十二地支中的"丑、卯、巳、未、酉、亥"相配，共配成六十组，称为"六十甲子"。

六十甲子表：

01 甲子	11 甲戌	21 甲申	31 甲午	41 甲辰	51 甲寅
02 乙丑	12 乙亥	22 乙酉	32 乙未	42 乙巳	52 乙卯
03 丙寅	13 丙子	23 丙戌	33 丙申	43 丙午	53 丙辰
04 丁卯	14 丁丑	24 丁亥	34 丁酉	44 丁未	54 丁巳
05 戊辰	15 戊寅	25 戊子	35 戊戌	45 戊申	55 戊午
06 己巳	16 己卯	26 己丑	36 己亥	46 己酉	56 己未
07 庚午	17 庚辰	27 庚寅	37 庚子	47 庚戌	57 庚申
08 辛未	18 辛巳	28 辛卯	38 辛丑	48 辛亥	58 辛酉
09 壬申	19 壬午	29 壬辰	39 壬寅	49 壬子	59 壬戌
10 癸酉	20 癸未	30 癸巳	40 癸卯	50 癸丑	60 癸亥

一生的吉祥物，人们赋予许多美好的祝愿和心灵的祈求。鼠的机警、牛的踏实、虎的威武、兔的淑敏、龙的威严、蛇的灵活、马的奔放、羊的温柔、猴的敏捷、鸡的高昂、狗的忠诚、猪的憨厚，通过现代浮雕艺术的演绎，传达着中华民族美好的祝愿和心灵的祁求，也是中国现代艺术品收藏中影响面最大的群众性项目。当传统民俗生肖文化同传统民俗吉祥文化相结合时，大大丰富了生肖文化的内涵。

十二生肖有着悠久历史的民俗文化，是中国传统文化的一部分，它是中国文化的一种代表性符号，也是东方文化的基本元素。随着现代中国的强盛，生肖情结在全世界迅速蔓延开来，目前世界五大洲已有100多个国家和地区发行了生肖题材的收藏纪念品。

中国人民银行自1981年开始发行生肖系列的贵金属纪念币，该系列已成为中国贵金属纪念币发行历史上最重要项目之一，深受中国人民和世界华人的青睐。

2. 生肖金银纪念币发行概况

1981年，我国发行了首枚"8克生肖鸡年纪念金币"，在随后的30年中发行各规格的生肖金银纪念币总共21组，其中3组为新增的品种。他们分别是：

8克生肖纪念金币（1981—1992）；

15克生肖纪念银币（1981—1992）；

1盎司生肖金银纪念币（1988—1999）；

5盎司生肖金银纪念币（1988—1999）；

12盎司生肖金银纪念币（1988—1999）；

1/2盎司梅花形生肖纪念金币（1993—2004）；

2/3盎司（1盎司）梅花形生肖纪念银币（1993—2004）；

1/10盎司生肖纪念金币（1993—2004）；

1公斤梅花形生肖纪念金币（1996—2007）；

1公斤生肖纪念银币（2002—2013）；

1/10盎司彩色生肖纪念金币（1998—2009）；

1盎司彩色生肖纪念银币（1998—2009）；

1/2盎司扇形生肖纪念金币（2000—2011）；

5盎司方形生肖纪念金币（2000—2011）；

1/2盎司梅花形生肖纪念金币第二轮（2005—2016）；

1/10盎司彩色生肖纪念金币第二轮（2009—2020）；

1盎司彩色生肖纪念银币第二轮（2009—2020）；

1公斤梅花形生肖纪念金币第二轮（2008—2019）；

新增10公斤生肖纪念金币（2008—2019）；

新增5盎司彩色生肖纪念金币（2010—2021）；

新增5盎司彩色生肖纪念银币（2010—2021）。

从每轮生肖发行的时间看，可以分三个阶段：第一阶段为1981—1992年（有跨阶段品种）；第二阶段为1993—2004年（有跨阶段品种）；第三阶段为2005—2021年（有新品种发行）。

3. 生肖图案设计

在欣赏生肖金银纪念币中，我们会发现币的正面和背面图案设计主题在不断地转换，更贴近生肖的文化内涵。

生肖金银纪念币的设计主题主要是生肖的描绘，但是，生肖不是简单的动物再现，而是具有灵气的动物造型的人格化，是人们在欣赏之余怀有崇敬情怀的对象，它也寄托了大多数欣赏者的心愿。生肖金银纪念币的内容设计，与传统文化有着千丝万缕的紧密联系，是中国传统文化的重要组成部分。

（1）1981—2002年生肖金银纪念币的设计特点

1981—2002年生肖金银纪念币的主体设计有明显的时代烙印。由于对中国传统古建筑的钟爱，20世纪80年代初期发行的金银纪念币正面图案大多以中国传统古建筑为主题内容。生

北京著名古建筑北海

073

肖金银币开拓之初也沿用了这种思路，先从北京的著名古建筑入手，作为中国生肖金银纪念币正面图案的主要图案造型，例如北海、天坛、颐和园、前门、颐和园石舫、故宫太和殿等。作为金银纪念币的正面主图案一经决定下来则无法轻易改变，延续使用中国传统古建筑这个设计主题，直到2002年的沈阳故宫大政殿，前后共22年，中国比较著名的传统古建筑，包括东、西、南、北的名胜楼台造型均已采用。例如，东方有上海豫

园、山东曲阜大成殿；西方有西安鼓楼、成都望江楼；南方有湖北黄鹤楼、滕王阁；北方有沈阳故宫、凤凰楼等，基本代表了全中国的典型古建筑。

这个时期的生肖背面图案采用了现代名家经典绘画作品，将平面笔墨艺术用现代浮雕语言重新演绎，不仅将原来的经典作品在生肖形象、构图、文化内涵等方面的优势充分发挥出来，而且利用在金属平面上对生肖形象的雕凿与塑造，用立体感将我们已经非常熟悉的生肖形象刻画出一种特别的表现力和

徐悲鸿《雄鸡图》

文化魅力，有扑面而来的视觉冲击感。

（2）2003—2008年生肖系列金银纪念币的设计特点

考虑到生肖金银纪念币的正面图案采用中国传统古建筑已有较长的时间，且全国著名的古建筑已基本都得到采用，已很少有更理想的传统古建筑可以再选用；另考虑到传统古建筑与生肖图案之间并没有直接的内容联系，因此，从2003年起，生肖金银纪念币的正面图案开始采用与生肖有密切联系的生肖装饰图案。2003年是中国生肖金银纪念币正面图案设计主景改

古代青铜器鸡形装饰

变的第一年，其采用了中国汉代羊字瓦当的装饰造型纹样，造型古朴，五羊同聚，设计巧妙，开创了中国生肖金银纪念币正面图案使用的新纪元，也确定了今后生肖金银纪念币正面图案的设计风格及选图范围。此范围包括民间雅俗共赏的剪纸、青铜器、车饰、糖稀等造型，并配衬以植物纹

汉代象形羊纹瓦装饰

民间艺术麦芽糖鼠造型

样，共同与主景图案形成币面效果，与背面生肖写实造型相互呼应，相互对比，相互衬托，丰富了生肖币的表现力，引起收藏者的极大兴趣。

（3）2009年开始首套整体设计生肖金银纪念币正式发行

为使广受国内外钱币集藏者喜爱的生肖金银纪念币项目焕发出崭新的魅力，中国金币总公司自2009中国己丑（牛）年金银纪念币起，在新一轮的发行周期内开始启用一

新设计的正面图案　　　新设计的本色币背面图案　　　新设计的彩色币背面图案

套民族特色鲜明、风格统一、文化内涵丰富的中国生肖金银纪念币设计图稿，即首套整体设计生肖金银纪念币。该套图稿共同的正面图案设计为中华人民共和国国徽，衬以中国传统吉祥装饰花纹；本色金银币背面图案采用主次结合设计艺术手法，构图新颖、造型饱满、别具一格，具有浓郁的中国传统艺术风格；彩色金银币背面图案采用传统吉祥生肖彩色剪纸造型，设计别致，华丽端庄，喜庆之意溢于币面。

4. 生肖金银纪念币欣赏

（1）首套8克生肖纪念金币欣赏

8克生肖金币作为我国首套铸造发行的生肖题材纪念金币，自1981年其发行之初，就注定拥有着令人无法侧目的光华。首次将中国近代最杰出国画大师们的绘画精品通过立体的浮雕制作工艺，搬到了金银纪念币上。

首套生肖金币有下列几个方面的特殊属性。

平面艺术浮雕化

国画是平面艺术，以笔墨宣绢为底，水墨皴染，神韵风流在笔尖缓缓流淌，而贵金属浮雕工艺更讲究立体的雕刻，着重于描述物象的具体性、细节性，从构图、布局、高低、明暗等多层次来表现，如何把抽象的说具体了，把写意的演写实了，千古名卷尽收方寸间，这就是8克生肖币带给我们的第一层精神享受。

经典国画再现

这套纪念金币选取经典国画作品，从辛酉（鸡）年金币开始，分别选用了徐悲鸿《雄鸡图》、刘继卣特别为该套币发行所绘制的《立犬图》、徐悲鸿所绘《双猪图》、齐白石的《鼠与秋实图》、韩混的《五牛图》、何香凝女士的《猛虎图》、刘继卣先生的《双兔图》、北京北海九龙壁、齐白石的《蛇草图》、徐悲鸿的《奔马》、赵少昂的《祥羊图》、齐白石的《白猿戏桃图》，或传神，或凝练，或厚实，或精巧，可谓是中华民族生肖题材画在纪念币上的集大成之作；

古建筑文化展示

中国古代建筑艺术在世界建筑史上拥有非常独特的地位，浸淫着以"周礼"为代表的东方哲学色彩，尤以古代宫廷、园林建筑、民居佛观等为主，这套币的背面集中反映了其中的翘楚之作，包括北京北海白塔景观、北京天坛祈年殿、颐和园、北京前门、颐和园著名水上建筑石舫、故宫太和殿、武汉黄鹤楼、万里长城、山海关"天下第一关"城楼、曲阜孔庙大成殿、岳阳楼、滕王阁，几乎是一部鲜活的中国古建筑文化史。

造型艺术与浮雕工艺结合

在这套币的设计、雕刻过程中，既传承了传统造型艺术，又大量吸收借鉴了国外先进的铸币工艺，注重保留大师名作、古代名建筑的艺术原韵，又依据圆融的金属浮雕工艺进行了极富艺术感染力的再诠释，无愧于迄今为止，中国生肖题材纪念币中的精品之作。

规范不严格

由于我国1979年才开始发行金银纪念币，前几年的金银币币面设计还不很规范，因此，1981年的辛酉（鸡）至1984年甲子（鼠）的生肖币正面并没有使用中华人民共和国国徽和国名。因此成为新中国唯一一套（部分）正面没有使用国名的生肖纪念币。该套生肖币面额也不一致，鸡面额250元，狗面额200元，其他10枚面额统一为150元。发行量：鸡、狗、猪、鼠、牛、虎、兔、猴为5000枚，其余龙、蛇、马、羊为7500枚。

1981-1992年首套8克生肖纪念金币正背面图案欣赏

（2）第一轮梅花生肖金银纪念币欣赏

1993—2004年发行的第一轮梅花形生肖金银纪念币，其中金币规格为1/2盎司，银币规格为2/3至1盎司。整套金银币给人一种清新的感觉，它的背面图案一般取自大名家的名画，如徐悲鸿的《雄鸡图》、刘奎龄画的狗、黄胄画的猪、齐白石所绘的鼠、马晋画的牛、张善孖的虎啸图、马晋画的兔等；而正面图案均采用中国著名古建筑，如沈阳故宫凤凰楼、北京万福阁、成都望江楼、南京明远楼、长城八达岭、上海豫园、扬州五亭桥、山西鹳雀楼、沈阳故宫大政殿等。

第一轮梅花生肖金银币的发行量很少，1/2盎司金币2300枚，2/3盎司或1盎司银币6800枚。全套发行已结束有八年之久，其中银币规格含量不一致，影响了整体美观欣赏，这也造就了它将成为极其珍贵的纪念币的重要因素之一。

目前市场上收藏一套第一轮梅花生肖银币已经显现难度；收藏一套梅花生肖金币更是难上加难。

（3）1公斤生肖纪念银币欣赏

1公斤生肖纪念系列银币是从2002年中国壬午（马）年开始发行，至2012年中国辛丑（龙）年共发行了11组，离一个轮年还差最后1组。整个系列的银币形状为圆形，发行量一直保持第一枚的3800枚不变。

随着社会环境发展与时代变革，在1公斤生肖纪念银币正面和背面图案上反映了所经历的整个变化，包括1981—2002年的古建筑设计特点、2003—2008年的生肖装饰图设计特色和2009年起的创新设计。从2009年至目前生肖币的正面图案作了较大的创新，使用庄严的国徽配以"连年有余"的吉祥纹饰。"连年有余"以莲花和鲢鱼作装饰纹样，"莲"为"连"谐音，"鱼"为"余"谐音，借此来称颂富裕、吉祥、和谐的社会氛围。

1公斤生肖纪念系列银币收藏价值渐显，已增值数倍，目前市场全套11枚价值在50万元上下。

2002-2012年1公斤生肖纪念银币正背面图案欣赏

（4）第一轮彩色生肖金银纪念币欣赏

第一枚中国彩色币

　　第一枚中国彩色币——农历生肖虎年彩色纪念银币于1997年10月在上海国际邮票钱币博览会上首次亮相，它的成功发行是中国当代钱币史上的里程碑。如今，彩色币在中国贵金属纪念币中所占的比重越来越大，受到国内外钱币爱好者的欢迎，成为钱币市场最热门、最受欢迎的品种。

　　自1998年起，中国人民银行开始发行彩色生肖系列金银纪念币，开创了中国彩色金银币之先河，在众多的生肖币品种中添加了一个新品种，使生肖币成为最具中国特色的金银币。

　　首轮彩色生肖金银纪念币从1998虎年至2009牛年圆满完成了一轮的发行。目前已开始第二轮的发行。首轮彩色生肖金银纪念币规格为1/10盎司彩色生肖纪念金币和1盎司彩色生肖纪念银币两个品种，发行量分别为3万枚和10万枚。

　　彩色生肖金银纪念币的正面和背面图案由中国金银币设计雕刻专家潜心探研，不懈追求，经过创造性探索，在中国画艺术与浮雕艺术结合方面获得可喜成就，成功地铸造出享誉世界币坛的中国十二生肖系列金银币。金银币设计雕刻专家不仅注重继承民族伟大造型艺术传统，还不断借鉴国外优秀雕刻技艺，精心把握艺术大师原作风韵，以纯熟而又最富表现力的刀法塑造出众多形神兼备、立体感至佳的浮雕精品。这不仅展露了中国古代建筑艺术作品轩昂宏大、辉煌瑰丽的特色，更成功地表现了十二生肖动物的造型美及其性格特征，令其栩栩如生，跃然币上，呼之欲出。

1998-2009年第一轮彩色生肖金银套币背面图案欣赏

（5）首套整体设计生肖金银纪念币欣赏

中国生肖金银纪念币自1981年正式发行以来，经历了数十个年头，2009年呈现在我们眼前的是不同于全世界其他地区设计的生肖金银纪念币——中国牛年生肖金银纪念币。首次整套设计的生肖金银纪念币系列产品第一组，其突出的设计特点有以下几点。

以少胜多的设计手法

常规金银纪念币的币面直径不大，很难容纳太多的造型元素。正是如此，这次生肖牛年设计就采用局部精湛、整体简练的手法，突出主题。

新设计的本色币

新颖大胆的色彩应用

色彩设计上"中国红"大面积的大胆应用是个创举，表达了中国民众炽热的生肖情节。喜庆色彩、祥和喜庆之意油然跃于币面，让人爱不释手。

主题图案的对比与呼应

本色币浮雕立体和背景平面的对比、具象与抽象的对比、主造型彩色与背景本色的对比，使币面效果更强烈。

新设计的彩色币

用国徽作正面图案造型

首次整套设计的生肖金银纪念币，用国徽作为正面主图案，每年如此，提升了生肖金银纪念币的地位，更显庄重。底纹连年有余的装饰图样，又更显中国传统韵味。

至2012年首次整套设计的生肖金银纪念币已发行了生肖牛年、生肖虎年、生肖兔年和生肖龙年四组。作为新一轮新设计的生肖金银纪念币的龙头——牛年生肖币，其收藏和投资价值显露。

新设计的正面图案

首轮整套设计的本色生肖金银纪念币背面图案欣赏

首轮整套设计的彩色生肖金银纪念币背面图案欣赏

（6）新品5盎司彩色生肖金银纪念币欣赏

从2010年虎年生肖金银纪念币开始增加发行了两个新品种，5盎司圆形彩色纪念金币和5盎司圆形彩色纪念银币，其最大发行量分别为1800枚和8800枚。

该金币图案背面由莲花将中国传统布老虎彩色图案环绕其中，脚踏"庚寅"二字，虎头有老虎最重要的标志"王"字，脸上胡须绘成祥云图案，展现了中国传统布艺老虎的独特的技艺和民族风格。"布老虎"是一种古代就已在中国民间广为流传的工艺品，它又是很好的儿童玩具、室内摆设、馈赠礼品及个人收藏品。它品种繁多，流传广泛，是一种极具乡土气息的民间工艺品。在中国人心里，老虎是驱邪避灾、平安吉祥的象征，而且还能保护财富，它寄托着人们对美好生活的向往与追求。民间盛行给儿童做布老虎，或者用雄黄在儿童的额头画虎脸，寓意健康、强壮、勇敢。布老虎的形式多种多样，有单头虎、双头虎、四头虎、子母虎、情侣虎、布老虎枕头、套虎等。布老虎是我国传统的民间艺术，在我国民间广为流传。布老虎的存在源于民间百姓对虎的崇拜。虎有威风凛凛气势，天生的王者风范，自然成为"百兽之王"。

新品种5盎司
生肖彩色金银币

金币的正面正中心是中华人民共和国国徽，表示了正统庄严的国币，周围衬以莲花、鲤鱼、波浪，象征着虎年国泰民安，预示着即使在波涛汹涌的环境下亦能乘风破浪、如鱼得水，国力蒸蒸日上。给整个生肖纪念币注入了灵性。

金银币背面包含中国传统喜庆的元素，两者共同构成了一枚充满文化气息和美好韵味的生肖题材的佳币！欣赏之余不禁让人觉得"百兽之王"可敬可爱，收藏中国金币的魅力也随之显露！

（7）10公斤生肖纪念金币欣赏

2007年，丁亥（猪）年生肖金银纪念币品种中亮出了10公斤规格的金币，这在我国的生肖金银纪念币中属于首次发行。

千禧年10公斤纪念金币

该10公斤圆形金质纪念币为精制币，含纯金10公斤，直径180毫米，面额100000元，成色99.9％。纪念币正面图案为中国民间剪纸生肖猪及吉祥植物装饰图案，并刊国名、年号，发行量18枚。

之前中国人民银行在2000年为纪念人类进入新千年，特发行千禧年10公斤纪念金币共20枚，是新中国金银币史上第一枚10公斤金币，面值30000元，为当时国内最大、最重的金币，2000年被列为吉尼斯世界之最。

接着连续发行了10公斤生肖鼠、生肖牛、生肖虎、生肖兔和生肖龙纪念金币。该系列将完成十二年一轮的延续发行。10公斤规格的金币，发行量很少，主要由国内外知名企业和公司通过拍卖来收藏，从而体现本企业的雄厚实力，带有广告宣传之意。

已发行的10公斤生肖金银纪念币正背面图案欣赏

第7节　中国传统文化京剧系列金银纪念币

1. 中国传统文化京剧艺术金银纪念币

中国京剧被国人誉为中国四大国粹之一，它形成于北京，遍及海内外。京剧是迄今为止我国影响最大、最具有代表性的一个剧种，已拥有200年的历史。2006年被列入第一批国家级非物质文化遗产名录。

京剧作为最具代表性的中国经典表演艺术门类，在我国传统艺术殿堂中占据着不可替代的地位。京剧生长于古典文化土壤，它的题材、表现形式、艺术思想深深浸润了中华民族的民族精神，是集我们民族传统的文化内涵、美学思想和多种艺术滋养于一身的艺术精粹。

资料卡片

我国京剧界著名的"四大名旦"

梅兰芳（1894－1961）　出生于北京，九岁开始学戏，十一岁开始登台。他创造了绸舞、镰舞、盘舞、剑舞、袖舞、羽舞等新的舞蹈，丰富了京剧旦角的表演手段，是蜚声世界的著名表演艺术家。其代表作有《贵妃醉酒》、《霸王别姬》和《断桥》等。

尚小云（1899－1976）　河北南宫人，初学武生，后改学旦角。他的嗓音宽亮圆润，运用自如，以刚健为主，逐渐形成了自己的独特艺术风格。其代表作有《二进宫》、《三娘教子》、《昭君出塞》和《梁红玉》等。

程砚秋（1904－1958）　出生于北京，初学武生，后改学花旦。他的表演非常细致深刻，讲究舞台表演形式的美感。唱腔别具一格，起伏跌宕，节奏多变，逐渐形成了自己独特的艺术风格。其代表作有《玉堂春》、《碧玉簪》、《文姬归汉》和《红拂传》等。

荀慧生（1900－1968）　河北东光人，幼时学河北梆子花旦，后改学京剧青衣、花旦。他主张唱和念音的生活感和艺术性相结合，表情、身段的真实自然相一致，且互为表里。他的代表作有《红娘》、《红楼二尤》和《金玉奴》等。

作为一种文化和中国特有的艺术瑰宝，京剧艺术随着我国国际威望的不断提高，正散发出越来越灿烂夺目的光彩。

为弘扬中华文化，展现我们中华民族灿烂悠久的历史，中国人民银行决定自1999年起，每年发行一组以京剧舞台艺术为主要表现内容的彩色金银纪念币。1999—2002年，中国京剧艺术系列彩色金银纪念币连续发行了四组，共24个品种，24出传统大戏，生动地展示了中国京剧精湛的表演艺术。其中，1/2盎司圆形彩金币4枚，取名为："贵妃醉酒"、"梁红玉"、"群英会"、"闹天宫";1盎司圆形彩银币16枚,取名为:"天女散花"、"红娘"、"汉明妃"、"红佛传""连环计"、"霸王别姬"、"四郎探母"、"秋江"、"游龙戏凤"、"宝莲灯"、"拾玉镯"、"将相和"、"三岔口"、"蒋干盗书"、"芦花荡"、"坐寨盗马";5盎司长方形彩色银币4枚,取名为:"杨门女将"、"龙凤呈祥"、"水漫金山"、"挑滑车"。

　　1999年,我国发行了"中国京剧艺术彩色金银纪念币"(第1组),该组纪念币由1枚金币和5枚银币构成。金币正面图案为颐和园大戏楼以及国号、年号,背面图案为梅兰芳肖像及其演出《贵妃醉酒》的舞台形象。4枚圆形银币正面图案与金币相同,背面图案则分别为梅兰芳、尚小云、程砚秋和荀慧生的肖像,及他们在演出各自的代表作《天女散花》、《汉明妃》、《红娘传》、《红娘》时的舞台形象;另一枚长方形银币的正面图案与金币及其他银币相类似,背面图案为京剧《杨门女将》剧照。这是我国京剧界著名的"四大名旦"首次出现在贵金属纪念币的图案中。

(1)中国京剧艺术彩色金银纪念币(第1组)欣赏

　　《贵妃醉酒》,其又名《百花亭》,源于乾隆时花部地方戏《醉杨妃》的京剧剧目。该剧经梅兰芳先生倾尽毕生心血精雕细刻、加工点缀,是梅派经典代表剧目之一。描写的是唐明皇宠妃杨玉环与明皇约在百花亭赴筵,久候明皇不至,原来他早已转驾西宫。贵妃羞怒交加,万端愁绪无以排遣,遂命高力士、裴力士添杯奉盏,饮致大醉,怅然返宫。该剧经梅兰芳精心雕琢,屡次上演,轰动海内外。

　　中国京剧艺术第1组1/2盎司彩色金质纪念币,主题选用了《贵妃醉酒》的经典场面。

　　该币正面图案的主体形象为北京颐和园德和大戏楼,它是中国现存最大的古戏楼,建筑得很有特色,翘角重檐,朱栏绿柱,由专供慈禧看戏的颐乐殿及其两庑供王公大臣看戏的看戏廊组成。币面刻画与背面的贵妃醉酒恰好相左,简朴而不失雅致,从表现京剧名段到最具代表性的戏楼,无疑是对于主题"京剧艺术"的一种完整诠释。

北京颐和园德和大戏楼

　　该币背面图案,杨贵妃在百花亭自艾自怜酒酣后的醉步,梅先生在表演时翻起水袖,身体微微向右后倚,飘然醉步的娇妍姿态,珠冠玉瓒、霓裳锦袖更衬托出舒展自然的美妙身姿。她的水袖似流水行云,她醉人的身姿犹如朦胧月光下的牡丹摇曳,华美的珠冠映衬得一张脸明艳俏丽,那诱人的樱唇、妩媚的明眸、娇艳的玉靥、婀娜的身姿,无一不美,无一不媚,哀而不怨,伤而不绝,如泣如诉,何等一个如锦如画的境界。梅先生舒展自然的身段,流贯着美的线条和韵律,通过舞蹈式的动作,把我们带进了一个美妙绝伦的京剧艺术世界，画面左上角则配有梅兰芳先生的头像，一戏一俗，似真似幻，让我们又有了迷蒙梦幻、恍入梦又非梦的艺术享受。

贵妃醉酒——梅兰芳

从这枚彩金币的主题设计来看，还有特别值得玩味的地方。法国雕塑家罗丹曾经说过"艺术就是感情"。没有感情注入的作品不能称之为艺术。古往今来，任何艺术创作都要有思想情感的表达，彩金币也是如此，它的表现除了工艺水平之外，更依赖于创作者独具的审美认识能力和深厚学识修养，"贵妃醉酒"彩金币布局非常简练，赋色也极为大胆，丹为主，黄白为辅，通过色彩的铺陈来刻画肌肤和服饰，很好地将彩色币所特有的色彩质感融入到对于题材本身的理解中，最终达到设色和谐而不杂乱斑驳，明快却又沉着文雅，既表现了梅先生所扮演的杨贵妃柔媚明艳的形象，也将梅先生独特的曼妙身姿把握得十分精准，而且注意到了黄金作为材质所起到的背衬作用，主要形象显得更加明净细腻、滋润柔美，再加上以本色雕刻的梅兰芳生活头像，通过这种对比的感受获取灵气之美，这种设色上的精妙堪称现代彩色币中的典范。此外，在浮雕的空间层次、人物的面部表情和头饰华丽的细节上，也都做得相当精细，使整个作品看上去华丽而不繁琐，更加强典雅生动的艺术形象。

"贵妃醉酒"彩色纪念金币是我国1999年发行的"中国京剧艺术第1组金银纪念币"中的一枚。该币含金量1/2盎司，面额50元，发行量8000枚。这也是我国首枚发行的1/2彩金币。

发行已经十余年，这枚彩金币依然带给我们那种恍如初见、恍如梦幻的惊艳之美，它的光华不会被时光消磨，只会在岁月的年轮中打磨得愈加圆润、愈加瑰丽，它的魅力也已与市场的沉浮无甚关联。

四枚1盎司彩银币，主图依次分别如下。

中国京剧艺术家尚小云头像及其所扮演的汉明妃。汉明妃剧情讲的是：西汉元帝刘奭选妃，闻越州太守王朝珊之女昭君生得貌美，命画工毛延寿前往描绘昭君真容。因王朝珊不愿贿赂毛延寿，毛故意将昭君仪容画为丑状。元帝见像不悦，将昭君囚于永巷。后来元帝偶游冷宫，遇到弹琵琶自伤的昭君，方知受到欺骗，随立昭君为明妃，并要杀毛延寿。毛事先得知逃往匈奴，将昭君真容献给番王单于。单于发兵侵汉索要昭君，元帝无力抵抗忍痛割爱，命昭君出塞和亲。昭君到塞外后向单

汉明妃——尚小云

于提出三个要求：今后不许侵汉疆土；将己真容带回汉朝；立斩毛延寿。单于一一听从，命昭君之弟王龙把她的真容带回，并将毛延寿诛之。

中国京剧艺术家荀慧生头像及其所扮演的红娘。荀慧生主演的《红娘》是元杂剧作品中最为杰出的经典。故事大意为唐代洛阳书生张珙长安赴试，经蒲州入居古刹普救

寺，遇相国之女崔莺莺，惊其艳丽而生情，遂借西厢暂住，并乘机与莺莺之侍女红娘搭言。恰逢山寇首领孙飞虎兵围古寺，强索莺莺为妻，莺莺之母崔夫人许诺："无论何人退得贼兵，情愿倒赔妆奁，将莺莺许配给他。"张珙挺身而出，修书召来白马将军，杀退孙飞虎。不料崔夫人变卦，竟让张珙与莺莺兄妹相称。红娘代传书简，莺莺诗约张珙，幽会西厢。老夫人拷问红娘，红娘实告并晓以大义。老夫人无奈允婚，强令张珙赴试，有情人长亭泪别。张珙赴试落第，老夫人以崔家三代不招白衣之婿为由，将莺莺属意郑恒。张珙投宿草桥，莺莺与红娘寻至，连夜并辔。

红娘——苟慧生

红拂传——程砚秋

中国京剧艺术家程砚秋头像及其所扮演的红拂传。《红拂传》是程砚秋早期的成名作之一。剧情叙述隋炀帝杨广出游扬州，命越公杨素留守京城。三原布衣李靖有天下之志，往见杨素，杨喜其才欲留用。相府歌姬张凌华（红拂）窥见李靖英俊，十分心折，乘夜盗了杨素令箭，乔装投奔李靖，两人结为夫妇，一同远走。路遇虬髯客张仲坚，彼此相投订交。虬髯客亦有志平定中原，但知太原李世民雄才大略，于是约定一同访谒，再定行止。见了李世民之后，虬髯客自叹不及。李靖决心辅佐李氏，虬髯客乃将家资赠与李靖夫妻，飘然而去，浪迹天涯。

中国京剧艺术家梅兰芳头像及其所扮演的天女散花。《天女散花》源自一个美丽的神话故事。维摩居士在毗耶大城现身并染病，释迦牟尼命文殊师利率众菩萨弟子前往问候，又命天女去散花，试验其修行的情况。美丽圣洁的天女唤出花奴御风而行，带着吉祥的美好祝福隐隐出现在云台上拈花微笑，把五彩缤纷的花雨洒向坐在禅榻上与文殊菩萨谈道的维摩居士。

从中可见，无论是所选的人物还是所演出的剧目，这四枚1盎司彩色纪念银币都具有相当的代表性。

天女散花——梅兰芳

杨门女将

5盎司方型彩银币，画面以中国京剧艺术中的传统剧目杨门女将为主要场景，通过神态各异、活灵活现的五个人物造型，将穆桂英挂帅的场面及气氛烘托到了极点。

（2）中国京剧艺术彩色金银纪念币（第2组）欣赏

"京剧艺术"系列金银纪念币的第2组风格与第1组略有不同。主图取消了在币面上凸现人物头像的模式，改之以戏剧舞台上的人物及场景。

1/2盎司彩金币，图案以传奇人物梁红玉为主。设计者通过"击鼓战金山"这出非常经典的剧目，将巾帼英雄梁红玉随夫韩世忠大战金兀术的经典故事生动地展现在大家的面前。从画面上来看，我们不仅可以观赏和体会到巾帼英雄梁红玉坚韧不拔的神情、气度轩昂的斗志，以及铿锵有力的战鼓声，而且还能够感受到巾帼英雄焕发的飒爽英姿，以及浓烈的爱国主义热情。

梁红玉

四枚1盎司彩银币，最大的特点是每枚银币上的人物均为两人演对手戏，其画面依次分别为"四郎探母"、"连环计"、"霸王别姬"和"秋江"。其中，"四郎探母"这出戏取自于《杨家将演义》，在"四盘山"、"北天门"和"探母回令"等戏中，均有这方面的描绘。"连环计"取自于《三国演义》，相关的演出版本很多，常与"凤仪亭"等戏连演，亦名"貂蝉"、"吕布与貂蝉"。"霸王别姬"讲的是项羽和虞姬的故事，史出自《史记·项羽本纪》，该出剧目是梅兰芳与杨小楼的代表之作。"秋江"这出戏讲的是潘必正与陈妙常的爱情故事，画面上的老艄公诙谐、风趣的表演，与陈妙常羞怯的神态表现得惟妙惟肖。

四郎探母　　　　　连环计　　　　　霸王别姬　　　　　秋江

5盎司方型彩银币，画面以"龙凤呈祥"为主要内容。故事取自于《锦囊记》传奇或《三国演义》，又名"美人计"、"回荆州"，讲述的是三国时的刘备将计就计在甘露寺招亲的故事。画面人物神态逼真，色彩艳丽。其无论是在画面处理、构图，还是在色彩运用和工艺铸造等方面，均是近年来不可多得的经典之作。

龙凤呈祥

（3）中国京剧艺术彩色金银纪念币（第3组）欣赏

2001年12月13日发行的"京剧艺术"系列金银纪念币中第3组的画面内容依次分别如下。1/2盎司彩金币，周瑜扮演的"群英会"场景，它的面值随着年初中国金币总公司对金币面额的调整而变成了200元。群英会，又名《草船借箭》、《打黄盖》、《蒋

群英会

干盗书》。孙、曹两军对峙于赤壁，曹操令蒋干过江劝降。周瑜故借蒋干之手盗去假书，以反间计使曹操杀死水军将领蔡瑁、张允。诸葛亮以草船借箭，周瑜以苦肉计责打黄盖，黄诈降曹操。庞统又献连环记，使曹军战船自行钉锁，以利东吴火攻。

四枚1盎司彩银币，包括"将相和"、"游龙戏凤"、"拾玉镯"、"宝莲灯"。"将相和"剧情为：蔺相如完璧归赵，被封上卿，老将廉颇不服，于长街三挡蔺道，蔺皆退避，后颇知蔺以国事为重，深感惭愧，背负荆杖，见蔺请罪，蔺深敬之，将相遂和。"游龙戏凤"剧情为：明武宗（朱厚照）私游大同，过李龙酒店，见李妹凤姐美，乃加调戏。后实告知自己是皇帝，封凤姐为妃。"拾玉镯"剧情为：陕西世袭指挥傅朋，偶至孙家庄，遇孙寡妇之女玉姣，互生爱慕，傅朋故遗玉镯于地，使女拾去。为刘媒婆所见，乃访玉姣，诱出真情，向玉姣索绣鞋，允代撮合。"宝莲灯"剧情为：古时，三圣母与兄长二郎神在华山修炼千年，功行圆满。玉帝颁诏，宣二人上天受封。儒医刘彦昌登山采药，误入仙境，与圣母邂逅。二郎神指斥三圣母不该萌动凡心，并以老母当初私下凡尘，受到天庭严惩的教训告诫妹妹。三圣母为探究人间真相，以追灯为名，偕侍女灵芝下山。三圣母与刘彦昌在山村相会，同赏元宵花灯，灯会之中，两心相印，圣母决定长留人间与刘彦昌缔结百年之好。

第3组的四枚彩银币人物造型全部以半身为主，视觉效果和色彩运用极佳。

将相和

游龙戏凤

拾玉镯

宝莲灯

5盎司方型彩银币，画面以"水漫金山"为主要内容。故事讲述的是：法海把许仙骗去金山雷峰寺，不让许仙夫妇团聚，白娘子为了救回许仙，和青青一道，跟法海斗法，不惜引西湖之水贯金山寺。但因为身怀六甲，力敌不能，被法海压在雷峰塔下。青青得以逃脱，修练有成，再回金山，斗赢法海，法海无处可逃，身穿着黄色的僧衣，遁身入蟹腹。后来许仙夫妇终于能团圆，而法海却只能留在蟹腹中，所以现在的螃蟹腹中的

水漫金山

蟹膏是和尚僧衣般黄色的。

（4）中国京剧艺术彩色金银纪念币（第4组）欣赏

2002年中国京剧艺术系列彩色金银纪念币（第4组）发行，主要表现的是闹天宫、芦花荡、三叉口、蒋干盗书、坐寨盗马、挑滑车六部经典剧目。"闹天宫"彩金币的题材选自同名京剧名段，表现的是中国古代四大古典名著之一《西游记》中孙悟空大闹天宫的一段故事。该币题材深受欢迎，工艺精良，可以说是目前中国已发行的金银币中工艺最为精美、观赏性最佳的一枚币。

《闹天宫》彩金币是继京剧艺术系列《贵妃醉酒》、《梁红玉》、《群英会》之后的第四枚，发行于2002年，该币由瑞士工艺加工制作，做工精致，质量上乘，有着丰富的文学、艺术和美学价值。它曾经被广大钱币集藏爱好者评为"最受群众喜爱的2002年中国贵金属纪念币"的称号。

闹天宫

1/2盎司彩金币《闹天宫》的正面图案为北京颐和园德和园大戏楼，与前三组保持一致，背面图案为京剧《闹天宫》中的剧照。画面主体是孙悟空偷吃仙桃的顽皮形象，着色分明、清晰，背景是本色效果的"齐天大圣"旗帜。以彩色突出顽劣、无畏的泼猴形象，而以本色轻描淡写其"齐天大圣"的封号，这种对比安排繁简得当、布局合理，也使悟空形象更贴近于他的真性情。

《闹天宫》的故事情节选取自小说《西游记》第五、六回。玉帝因为孙悟空神通广大，恐其胡作非为，于是封他为"齐天大圣"并命其掌管蟠桃园，欲以天庭的官爵礼法羁绊住他，以安其心、定其志，免生事端。孙悟空贪吃仙桃，常使计在桃园中偷摘仙桃尽情享用。一日，王母娘娘在瑶池设蟠桃盛会，七仙女奉命去蟠桃园摘桃，惊动了园中酣睡的孙悟空。他盘问七仙女得知，王母娘娘设蟠桃盛会宴请各路神仙，唯独没有邀请他，于是私闯瑶池一探究竟。众仙尚未到，孙悟空禁不住扑鼻酒香，偷饮了琼浆玉液，微醉，遂踉跄回府，不想一路走差，来到了兜率天宫，机缘巧合之下，盗食了太上老君的金丹。酒醒后，恐玉帝怪罪，于是逃回了花果山。不久，玉帝终于得知他偷仙桃、饮御酒、盗金丹、扰乱天宫的斑斑劣迹，大怒，于是差遣了十万天兵至花果山水帘洞擒拿妖猴。天兵天将四面埋伏，与水帘洞众猴大战数个回合，不分胜负，最后，孙悟空被太上老君用兵器打中了天灵盖，失神之下又被二郎神啸天犬咬住了小腿肚子，终被擒拿。

《闹天宫》的前身是《安天会》，为杨小楼的代表作。李少春、翁偶虹等将此剧改编为《闹天宫》。孙悟空是剧目中最重要形象。在京剧艺术发展的长河中，这一经典的艺术形象被我国的京剧艺术大师们不断创新和演绎，日益饱满，历久弥新。如今，这个丰富的猴王形象从文学和艺术走来，融入到贵金属纪念币这种年轻的载体中来。猴在币上栩栩如生，币因猴而熠熠生辉。

四枚1盎司彩银币分别如下。

"芦花荡"主要剧情为张飞奉诸葛亮之命，假扮渔夫，预先埋伏于芦花荡中，伺周瑜领兵到来，突然出兵阻挡，擒而纵之，周瑜气愤呕血。故事出自明人《草庐记》传奇。京剧原附于《黄鹤楼》之后，后来演出又移植于《回荆州》之后。

芦花荡

"三叉口"的主要剧情为焦赞杀死王钦若之婿谢金吾，发配沙门岛，杨延昭命任堂惠暗地保护。焦赞至三叉口，宿黑店中，店主刘利华夫妇拟害焦赞，任堂惠赶到，刘又拟刺任，黑暗中搏斗，为任所杀。故事见《杨家将演义》。原剧刘利华夫妇为反面人物，1951年中国京剧团将其改为正面人物，为保护焦赞和任堂惠发生误会而格斗。

三叉口

"蒋干盗书"一剧是根据《三国演义》中章节改编的。选自第四、五回"三江口曹操折兵群英会蒋干中计"。曹操谋士蒋干自幼与周瑜是同学，自告奋勇来江东说降周瑜。周瑜暗定反间计，设宴款待蒋干。宴罢，周瑜假装大醉，与蒋干同床而眠。蒋干悄然起床，偷阅桌上文件，发现一封曹军大将蔡瑁、张允写给周瑜的信，称他们两人欲伺机杀死曹操，投降周瑜。蒋干如获至宝，当夜偷跑回曹营，把盗来的假信呈与曹操。曹操大怒，立即将蔡、张两人斩首。后得知真情，追悔莫及。

蒋干盗书

"坐寨盗马"主要剧情为清朝时，绿林大侠窦尔敦在口外连环套聚义，与清朝为敌，闻清太尉梁九公乘御赐金鞍玉辔追风赶月千里驹到围场行猎，想到仇人黄三泰镖伤之仇，乃下山暗入梁营，将御马盗去，并留下黄三泰姓名。本剧又名《盗御马》、《连环套》，为花脸传统戏，金少山、侯喜瑞、裘盛戎等擅演。

坐寨盗马

5盎司方型彩银币，画面以"挑滑车"为主要内容。"挑滑车"剧目根据《说岳全传》改编。主要剧情为岳飞与金兀术会战于

挑滑车

牛头山，点将之际，大将高宠因不见重用，质问岳飞，岳飞令其守军中大旗。及交战，宋军不利，高宠突出助战，连挑金将，兀术大败撤兵，高宠乘胜追击。兀术以铁滑车自山头滑下以阻之，高奋战连挑多辆，终因力尽战死。牛奋战，抢回高尸。该剧又名"牛头山"。

京剧是中国的国粹。近百年来，这一剧种已遍及全国，传统剧目在1000个以上，成为在中国影响最大、最具有代表性的一个剧种。该剧通过动听的曲调和优美的舞姿讲述故事情节，融文化、音乐、舞蹈、美术等多种艺术于一体，展示了中国悠久的历史文化，不仅中国人爱听爱唱，也深受国际友人的欢迎。以名旦和名剧为题材的京剧艺术系列彩色金银纪念币，是不可多得的收藏精品，其投资价值会日益显现。目前京剧艺术彩色金银纪念币全套24枚市场价格在15万元以上。

2. 中国传统文化京剧脸谱金银纪念币

（1）脸谱基本知识

京剧脸谱

中国京剧是中国四大国粹之一，京剧脸谱则被视为"国粹中的国粹"，是京剧角色"心灵的画面"。固定的脸谱有效地表现出人物的品貌、身份、性格、特征。脸谱使人能目视外表，窥其心胸，具有"寓褒贬"、"辨忠奸"、"别善恶"的艺术功能。

脸谱是指中国传统戏剧里男演员脸部的彩色化妆。这种脸部化妆主要用于净（花脸）和丑（小丑）。它在形式、色彩和类型上有一定的格式。内行的观众从脸谱上就可以分辨出这个角色是英雄还是坏人，聪明还是愚蠢，受人爱戴还是使人厌恶。京剧那

脸谱造型

迷人的脸谱在中国戏剧无数脸部化妆中占有特殊的地位。京剧脸谱以"象征性"和"夸张性"著称。它通过运用夸张和变形的图形来展示角色的性格特征。眼睛，额头和两颊通常被画成蝙蝠、蝴蝶或燕子的翅膀状，再加上夸张的嘴和鼻子，制造出所需的脸部效果。

京剧脸谱来源于生活。每个人面部器官的形状、轮廓相似，生理布局也都有一定的规律，面部肌肉的纹理与人物的年龄、生理、经历、生活的自然条件也都有密切关系，所以京剧脸谱的勾绘是以生活为依据的，也是生活的概括。如生活中常说的人的脸色，晒得漆黑、吓得煞白、臊得通红、病得焦黄等，既是剧中人物心理活动、精神状态的揭示和生理特征的表现，又是确定脸谱色彩、线条、纹样与图案的基础。脸谱虽然来源于生活，但又是实际生活的放大、夸张。演义小说和说唱艺术对历史人物的夸张、形象的描写，也是京剧脸谱的来源和依据。

脸谱分类

脸谱根据描绘着色方式，分为揉、勾、抹、破四种基本类型。揉脸：凝重威武，整色为主，加重五官纹理加以实现，是十分古老的脸谱形式。勾脸：色彩绚丽，图案丰

富，复杂美丽，五彩缤纷，有的还贴金敷银，华丽无比。抹脸：浅色为多，以涂粉于面，不以真面目示人，突出奸诈坏人之性。破脸：不对称脸，左右不一，形容面貌丑陋或意比反面角色。

根据脸谱的图案排列，又把脸谱分为以下四种：整脸，最原始的脸谱形式，利用双眉把脸分为额和面两个部分的脸谱；三块瓦脸，在整脸的基础上再利用口鼻把面部分为左右的脸谱；花三块瓦脸，把三块瓦脸的分界边缘艺术化，加上各式图案的脸谱；碎脸，三块瓦脸的变种，其分界边缘花形极大，破坏了原有的轮廓。

京剧脸谱特点

红色脸谱　　　　　黑色脸谱　　　　　黄色脸谱

京剧脸谱是具有民族特色的一种特殊的化妆方法。由于每个历史人物或某一种类型的人物都有一种大概的谱式，就像唱歌、奏乐都要按照乐谱一样，所以称为"脸谱"。京剧脸谱有很多的特点。一是根据某种性格、性情或某种特殊类型的人物采用某些色彩。如红色脸谱表示忠勇士义烈，如关羽、姜维、常遇春；黑色的脸谱表示刚烈、正直、勇猛甚至鲁莽，如包拯、张飞、李逵等；黄色的脸谱表示凶狠残暴，如宇文成都、典韦；蓝色或绿色的脸谱表示一些粗豪暴躁的人物，如窦尔敦、马武等；白色的脸谱一般表示奸臣、坏人，如曹操、赵高等。二是京剧脸谱来源于生活。每个人面部器官的形状、轮廓相似，生理布局也都有一定的规律，面部肌肉的纹理与人物的年龄、生理、经历、生活的自然条件也都有密切关系，所以京剧脸谱的勾绘以生活为依据，也是生活的概括。如生活中常说的人的脸色，晒得漆黑、吓得煞白、臊得通红、病得焦黄等，既是剧中人物心理活动、精神状态的揭示和生理特征的表现，又是确定脸谱色彩、线条、纹样与图案的基础。三是京剧脸谱又是实际生活的放大、夸张。如关羽的丹凤眼、卧蚕眉，张飞的豹头环眼，赵匡胤的面如重枣等，所有历史描写都被戏曲化妆吸取下来，在京剧舞台上表现得尤为明显、突出。

为弘扬我国传统文化精粹，展现京剧脸谱深厚的文化底蕴和艺术内涵，弘扬京剧艺术中所蕴含的人文精神，中国人民银行于2010—2012年分三年发行了三组中国京剧脸谱彩色金银纪念币。币面图案中的脸谱人物皆选自京剧人物中的正面角色，或廉洁奉公、刚正不阿，或骁勇善战、忠心为国，或才华横溢、正气浩然，意在展现京剧脸谱创作过程中富有时代特色的思想与美德，弘扬新时期的精神风貌。

（2）中国京剧脸谱彩色金银纪念币（第1组）欣赏

京剧是我国的国粹，脸谱则是京剧艺术的重要组成部分，京剧艺术曾多次出现在金银币图案中，如"中国传统文化系列纪念币"、"中国京剧艺术纪念币"、"2008年北京奥运会纪念币"，足见京剧在国内和国际上的深远影响。京剧艺术出现在金银币上经过了整体展示到局部特写的过程，发行京剧脸谱彩色金银纪念币重点展示京剧脸谱艺术。

中国人民银行于2010年9月发行了中国京剧脸谱彩色金银纪念币第1组一套。该套纪念币共3枚，其中1/4盎司金币1枚，1盎司银币2枚，均为中华人民共和国法定货币。

第1组的三枚币选取了比较有代表性的包拯、典韦和钟馗脸谱，上演了一场精彩的脸谱风采秀，让广大收藏爱好者和京剧戏迷再一次体味了京剧艺术的神韵，感受了中国金银币的巨大魅力。

1/4盎司彩色金币背面图案为"包拯"的京剧脸谱造型，勾正脸，以黑色为主色调，配以白、红两色。包拯是廉洁清正、疾恶如仇的清官形象，是铁面无私的正义化身。而在脸谱的颜色中，黑色一般代表直爽刚毅、勇猛和智慧；红色一般代表忠勇侠义。包拯额头上有一个白月牙，表示清正廉洁。通过这些具有特定含义的色彩，可以将包拯的人物性格充分地显现出来。凝视包拯脸谱的双眼，平和中透出令人敬畏的目光，是成竹在胸的判官，更是为民做主的青天。

金币包拯脸谱

一枚1盎司彩色银币背面图案为"典韦"的京剧脸谱造型，主色调为黄色和黑色。黄色代表勇猛而暴躁，与其他颜色代表的性格综合在一起，反映出典韦忠诚、强悍刚烈的性格特征。历史上，典韦就是一个忠勇之士，他为保护曹操而战死，勇猛过人。银币上的典韦脸谱则让人看到了其安静、淡定的一面，也许是经历过战火纷飞、浴血奋战后的平静与安详。

银币典韦脸谱

典韦是曹操的猛将，形貌魁梧，臂力过人，力大无穷。张绣攻打曹操大营时，典韦在醉酒和武器被偷的情况下，仍坚守营寨大门，杀死多人，最终因腹背受敌而战死。《三国演义》里的这场精彩描写，展示了典韦的忠诚和英勇，虽说典韦没有关羽、张飞的名气大，在读者心中的分量也不及他们，但在京剧中，典韦是《典韦耀武》、《战宛城》等剧目中的主要人物，再加上流传广泛的《说唱京剧》里唱词的影响："蓝脸的窦尔敦盗御马，红脸的关公战长沙，黄脸的典韦，白脸的曹操，黑脸的张飞叫喳喳……"，连老外都知道有一个黄脸的典韦，可以说典韦是黄脸脸谱人物的最佳人选之一。

另一枚1盎司彩色银币背面图案为"钟馗"的京剧脸谱造型。民间流传钟馗红脸黑

银币钟馗脸谱

须，面目丑陋，连鬼都害怕他。在京剧中，钟馗是《钟馗嫁妹》等剧目中的主要人物，他的脸谱主色为黑、红，配以白、蓝，丝毫不显丑陋，却表现出了其浩然正气、刚直不阿的性格特征以及驱鬼镇邪的勇武神力。

（3）中国京剧脸谱彩色金银纪念币（第2组）欣赏

中国人民银行于2011年4月发行中国京剧脸谱彩色金银纪念币（第2组）一套。该套纪念币共3枚，其中金币1枚，银币2枚，均为中华人民共和国法定货币。

中国京剧脸谱彩色金银纪念币（第2组）再塑经典的京剧脸谱形象。关羽、鲁智深、单雄信，经过千百年的文化积淀，已不仅仅是历史人物，已俨然成为了公正正义、忠勇无畏的化身。那种不畏权势、忠于职守、公正无私的精神，震古烁今，典册华章，世代为中国老百姓所传颂。他们身上展现着中华民族最美好、最本真、最值得赞颂和敬佩的价值观，正是这种设计理念凸显出京剧脸谱独特的艺术神韵。

1/4盎司彩色金币背面图案为"关羽"的京剧脸谱造型。关羽，一个充满传奇色彩的三国人物，死后被人们追加的荣誉远远大于关羽生前的汉寿侯亭、前将军的称号，被尊为武圣。他作为《三国演义》里主人公的一员，亮相于桃园结义的时候就深深地吸引世人的眼球。曾几何时，人们为他杀华雄、斩颜良、诛文丑的勇武而振奋，为他封金挂印、千里走单骑的不懈努力竖起大拇指，为他水淹七军、擒于禁、斩庞德的出色智谋而高声喝彩，为他追死吕蒙而拍手称快，为他大意失荆州的疏忽大意而摇头叹息，为他败走麦城不幸遇害而落泪痛哭。

金币关羽脸谱

整张脸朱砂红的铺开，既是对关羽"枣红脸"人像的写实，又通过朱砂红的色彩来象征关羽的血性、忠义和耿直。脸部黑色的运用，有效避免了金币表面大块红色的炫耀，红色的跳动得到了黑色的平衡，使得币面既张扬又不至浮躁。微微侧向的面容在脸部四周浮雕的辉映下，使得定格的画面犹如正在上演的关羽人生大剧。

银币鲁智深脸谱

一枚1盎司彩色银币背面图案为"鲁智深"的京剧脸谱造型。京剧中的鲁智深脸谱，是脸谱种类僧道脸的代表。僧道脸多白底色，勾腰子眼窝，花鼻窝，花嘴岔，脑门勾红色舍利。银币上的鲁智深脸谱，白脸上一对争臂相向螳螂眉，既象征鲁智深的怒目，又寓意豪爽、好斗的精神。宽额大脸，络腮虬髯，尽显其性情耿直，不受拘束。头戴戒箍，颈挂佛珠，额中一点舍利圆光，眉上几点戒疤，暗指其救人于水火的菩萨性格。脸谱神情明朗，描画端正，体现其豁达淡定的处世态度。

怒目而视，表达其嫉恶如仇的强烈情感。这些特征加在一起，勾勒出一个爱憎分明、扶危济困的化身形象。

鲁智深是中国四大古典名著《水浒传》中的著名人物，在梁山一百零八好汉中排名十三，他姓鲁名达，出家后法名智深，也是经典京剧《野猪林》主角之一。北宋禁军教头林冲遭陷害，发配沧州，途经野猪林时，解差奉命欲在途中加害于他，鲁智深跟踪保护，林冲幸免于难。其天性不喜被拘束且疾恶如仇，好抱打不平，故又被人称作"花和尚"。因此鲁智深的脸谱，属于僧道类中的"僧脸"，又名"和尚脸"。我们从银币上欣赏"和尚脸"的构图特点，白色粉底，一道孔雀眉，腰子眼窝，花鼻窝，花嘴岔。脑门勾一个红色舍利圆光，以示入佛门受戒。鲁智深与同类人物相比，共性是嗜酒如命，见义勇为，好打抱不平，但脸谱上眼窝底的智慧纹又反映出他精明细致的性格特征，故野猪林能够救出林冲而不至受牵累，足可见此人的天性旷达而不至卤莽行事。

另一枚1盎司彩色银币背面图案为"单雄信"的京剧脸谱造型。单雄信是隋代末年瓦岗寨里的著名将领，瓦岗寨起义失败后，单雄信的一干结义兄弟归顺了大唐李氏，而单雄信投靠了郑王王世充。李世民率军讨伐王世充时，单雄信单骑闯入唐营被擒。李世民惜才，苦劝投降，昔日的结义兄弟们也劝降。但单雄信想起昔日家恨，誓死不降，终被杀害。我们从这枚彩色银币上看到单雄信勾的是"蓝色碎花脸"，蓝色表示他刚强骁勇、大仁大义的性格。"碎花脸"又是京剧脸谱中一个非常

银币单雄信脸谱

重要的谱式，由"花三块瓦脸"演变而来，色彩丰富，构图多样，线条细碎，故称"碎花脸"。与整脸相反，它是脸谱中用色最复杂、构画最花梢、象征性极强的谱式。这枚银币也是中国人民银行发行的京剧脸谱艺术系列彩色纪念币中色彩与花纹最为复杂的一枚，红、黑、蓝、白、橙，色彩多样，花纹也是异彩纷杂，充分体现了"碎花脸"的三大要领：颜色多、线条多、图样多。我们要注意到一个细节，银币的"蓝碎花脸"上的脑门处还勾画了一个阴阳结，体现了人物坎坷不幸的命运和桀骜不屈的性格，这是京剧脸谱对"单雄信"这个历史人物的特殊勾画，银币上充分考虑和表现了这一处。

（4）中国京剧脸谱彩色金银纪念币（第3组）欣赏

中国人民银行于2012年6月发行了中国京剧脸谱彩色金银纪念币第3组一套。该套纪念币共5枚，其中5盎司金币1枚，1/4盎司金币1枚，5盎司银币1枚，1盎司银币2枚，均为中华人民共和国法定货币。本次发行增加了两个新品种——5盎司金币和5盎司银币，发行量分别为2000枚和1万枚，作为该系列金银纪念币的收官之作。

中国京剧脸谱彩色金银纪念币第3组，运用脸谱多样化图案和色彩丰富的局部彩印，与盔头、髯口等本色浮雕为背景的装饰图案相组合的设计理念，突显京剧脸谱独特的艺术神韵。

1/4盎司金币背面图案脸谱整体造型运用局部彩色和本色

金币孙悟空脸谱

浮雕相结合的设计手法，脸谱图案的设色勾画活泼而灵动，配以本色、镜面的盔头，充分展现了"孙悟空"是非分明、疾恶如仇、技能超人的特征。

5盎司金币背面图案衬以中国传统吉祥纹饰为背景的组合设计，整体脸谱造型采用正面视角的表现手法，构图庄重而饱满，运用局部彩色和本色浮雕相结合的铸造工艺，充分展现了"关羽"狭义豪爽、勇谋兼具的特征。

金币关羽脸谱

2枚1盎司银币背面图案运用局部彩色与盔头、髯口本色浮雕相结合的表现手法，色彩协调，构图饱满而富有张力，结合精美的浮雕和精湛的工艺效果，充分展现了"张飞"淳朴耿直、爱憎分明、敢做敢为，以及"陶洪"武艺精巧、勤劳善良、风趣幽默的特征。

银币张飞脸谱　　　　银币陶洪脸谱

5盎司银币背面图案采用正面视角的设计手法，脸谱图案设色华丽，对比协调，构图庄重而饱满，富有张力；结合精美的浮雕和精湛的工艺效果，强化了脸谱的艺术表现力，充分表现"钟馗"正义善良、刚直不阿的特征。

京剧脸谱金银纪念币全套第3组中的1/4盎司金币和2枚1盎司银币的脸谱人物造型，统一设计为左右顾盼，相互呼应的表现形式。第3组增加的5盎司金币和5盎司银币的脸谱人物造型，均采用正面构图的设计手法，最大限度提升了京剧脸谱的艺术表现力，结合丰富铸造工艺技术，使整套金银币呈现出主题鲜明、层次丰富而饱满的艺术效果。在庄重与灵动、茂密与疏朗的节奏中，彰显出当代金银货币文化的现代气息。

银币钟馗脸谱

完美收官的京剧脸谱系列金银纪念币，把中国独特的文化形式和传统文化精粹保存传承了下来，其具有的文化意义突现了审美价值和精神品质。这是近年来当代中国金银纪念币中又一个极具收藏和投资价值的品种。

目前京剧脸谱彩色金银纪念币全套金银套币9枚市场价格在2万元以上。

第8节　中国古典文学名著金银纪念币

《三国演义》、《红楼梦》、《西游记》和《水浒传》被中国文学界公认为四大古典文学名著。这四大名著以其深邃的思想性和高度的艺术性达到了中国古典小说的巅峰，傲立于中国文学和世界文学之林，它们是中国乃至全人类共同拥有的宝贵文化遗产，在整个华人世界中有着深远的影响。毛泽东说过："生子当如仲谋，交友如鲁达，信心如唐僧，读书就读四大名著。"研读四大文学名著，是浏览中国古典文学的智能之海，也是阅历中国传统人文、社会、伦理、历史、地理、民俗、心理、处事策略的知识之库。

"书中自有黄金屋"，这句古语在四大文学名著系列金银币上得到了极好的诠释。世界艺术界把文学巨著搬上电影银幕、电视屏幕是常见之事，但把文学名著设计到钱币币面上的实不多见。而中国贵金属纪念币却把中国文学名著移植到钱币选题中，不能不说是个大胆创意，这是对中国贵金属纪念币发行题材的创新和深化。文学是通过文字语言描绘出人物、情节、场景，可以表现巨大的时空、场景转换，可以用语言、对话描写错综复杂的内心活动和矛盾冲突。而绘画雕刻只能在平面或局限的空间去表现瞬间的事物，要表现复杂的文学内容显然难度巨大。中国金银币设计专家独具匠心，选择了人们熟悉的小说人物和脍炙人口的经典情节加以概括设计，成功地再现了古典文学名著的精华，使中国文学巨著再现于金银币的方寸画面之上，文学名著也得以焕发了新生。

中国贵金属纪念币首选发行的古典文学名著是《三国演义》。中国人民银行从1995—1997年分三组发行了"中国古典文学名著——《三国演义》金银纪念币"，2000年、2002年和2003年依次发行了"中国古典文学名著——《红楼梦》彩色金银纪念币"；2003—2005年发行了中国古典文学名著——《西游记》彩色金银纪念币"；从2009—2011年分三组发行了《水浒传》彩色金银纪念币。至此，四大文学名著完整地展现在了中国贵金属纪念币上。

从1995年的"《三国演义》金银币（第1组）"到2011年的"《水浒传》金银币（第3组）"，四大文学名著走上中国贵金属纪念币的时间跨度达到17年之久。中国古典文学名著系列金银纪念币全整套共12组76个品种，规模宏大，形式多种，精品迭出，堪称中国金银币史上一个跨世纪的文化工程，中国古典文学名著金银纪念币从文学角度向世界充分展示了中华五千年的灿烂文化。

1. 中国古典文学名著——《三国演义》金银纪念币

1995年，中国古典文学名著——《三国演义》金银纪念币（第1组）正式发行，开始了四大名著系列金银纪念币发行之路。

《三国演义》金银纪念币全套共25枚。《三国演义》金银币（第1组）一开场就以6枚金币、5枚银币的庞大阵容面世，第2组、第3组的发行规格相同，调整为2枚金币、5枚银币。

《三国演义》金银币的整体设计思路以三国国别为主题，第1组的主题为蜀国，第2组的主题是魏国，第3组的主题为吴

三国演义金银币正面图案

国，这种国别排序沿袭了作者罗贯中"褒刘备贬曹操"的基本思路。

《三国演义》金银币正面图案均为作者罗贯中的头像，背面图案分别选择蜀国、魏国、吴国的经典事件和重要人物为币面主景。其中，第1组中的5盎司金币、1/2盎司金币和5盎司银币背面图案均为流传甚广的"桃园三结义"，其他八枚1盎司金银币背面图案为蜀国重要人物：刘备、诸葛亮、关羽和张飞；第2组中的5盎司金币、1/2盎司金币背面图案均为曹操以少胜多的著名战役"官渡之战"，5盎司银币背面图案则是耳熟能详的"三英战吕布"，其他四枚1盎司银币币面主景为魏国重要人物：曹操、曹丕、曹植和司马懿；第3组中的5盎司金币、1/2盎司金币背面图案均为彪炳史册的"赤壁之战"，5盎司银币背面图案则是"孙刘联姻"的历史传说，其他四枚1盎司银币背面图案为吴国重要人物：周瑜、鲁肃、孙策和孙权。

桃园三结义　　　　　　　　官渡之战　　　　　　　　赤壁之战

《三国演义》是中国四大古典文学名著中第一个被搬上金银币的文学作品，《三国演义》金银币也是已发行的四大名著金银币中唯一的"本色"金银币。《三国演义》金银币属于早期发行的优秀品种，发行量较小，1/2盎司金币发行量在2000～3000枚；5盎司金币仅发行99枚，1997年发行的第3组也只增加到168枚。由于当时我国发行的金银币主要是为了出口创汇，仅对国外市场销售，这使发行量本就十分有限的《三国演义》金银币在海外被大量消化，经过长时间的消化和沉淀，市场上可以找到的货源量已经相当有限。1/2盎司金币"桃园三结义"、"赤壁之战"、"官渡之战"是《三国演义》金银币中最受关注的品种，在市场上是增值表现最为突出的1/2盎司本色金币之一。目前这3枚1/2盎司金币市场价格在10万元以上。

《三国演义》本色金银纪念币全套25枚图案欣赏（见第3章配图）。

2. 中国古典文学名著——《红楼梦》彩色金银纪念币

中国人民银行于2000年、2002年和2003年分别发行了《红楼梦》彩色金银纪念币第1组、第2组、第3组。三组的发行规格均为1/2盎司彩色金币1枚、1盎司彩色银币4枚、5盎司彩色银币1枚。在已发行的四大文学名著金银币中，它是唯一一个发行规格整体三组保持一致的。与《三国演义》金银纪念币不同，《红楼梦》金银纪念币在工艺和形状上均进行了创新，《三国演义》金银纪念币全部为圆形本色金银币，《红楼梦》金银纪念币首次采用彩印工艺，并且形状设计为八边形和扇形。

《红楼梦》彩色金银纪念币正面图案均为作者曹雪芹像。3枚1/2盎司金币背面图案分别为"宝玉赋诗"、"湘云醉眠"、"黛玉夺魁"。12枚1盎司银币背面图案是光彩照人的金陵十二钗："李纨教子"、"探春结社"、"迎春吟诗"、"黛玉葬花"、"熙凤弄权"、"惜春作画"、"元春归省"、"宝钗扑蝶"、"妙玉品茶"、"巧姐纺织"、"湘云游园"和"可卿梳妆"。3枚5盎司银币背面图案为"宝黛读书"、"群芳夜宴"、"贾母祝寿"。

红楼梦金银币正面图案

1/2盎司彩色金币"宝玉赋诗"是新中国发行的第一枚八角形贵金属纪念币。该币正面图案主体为曹雪芹握笔把书端坐于书案前的半身像，左侧花架上的那盆老梅盆景隐喻出大作家的性格和对当时社会的态度，顶部"中国古典文学名著《红楼梦》作者曹雪芹像"这一圆弧型的文字状若天穹，似体现出作者思绪的广鹜，下端标"中华人民共和国"国名和"2000"年号。币面整体为镜面内凹，文字与图案浮雕对主体人物的刻画尤其精彩：五官清晰，眉目传神，眼睛平视作思考状，"红楼一梦"在心头翻滚、在脑际萦绕；右手握笔，左手把书，神情专注，栩栩如生；立领中式长衫衣纹袖折线条柔顺，立体感强。再看旁边的老梅盆景，造型奇绝逼真，枝干曲折遒劲，枝头梅花怒放，若有暗香浮动。

宝玉赋诗

该币背面图案为彩色"宝玉赋诗"图，取材于《红楼梦》第三十八回："林潇湘魁夺菊花诗　薛蘅芜讽和螃蟹咏"。币面中间是宝玉立像，身体略作前倾，清新俊朗，超凡脱俗，正对着菊花屏声静息，凝神苦思《访菊》与《种菊》之佳句；脚前是大片菊花，姹紫嫣红，映辉怒放，秋韵尽展，更将金蕊泛流霞；右边立式花架上也摆有一盆菊花盆景再作点缀；左上方是一个鸟挂架，上伫一对鹦鹉竞相吟唱，呼之欲出。色彩的巧妙运用与搭配，使得整枚币富丽堂皇、鲜明灵动、耐看耐赏。

5盎司彩色银币"宝黛读书"是我国第一枚扇形彩色银币。该币正面图案在"宝玉赋诗"正面图案的基础上，又在右上角增加了一只鸟型风筝，这不仅增强了该币的民俗气息，或许还暗喻曹雪芹欲翱翔蓝天的鸿浩之志。该币背面图案为彩色"宝黛读书"图，取材于《红楼梦》第二十三回："西厢记妙词通戏语，牡丹亭艳曲警芳心"，表现的是宝玉和黛玉在怡红院共读《西厢记》的

宝黛读书

场景。币面上用一片冷色调的风景来衬托一对佳人，色彩搭配赏心悦目，人物情态刻画细腻。其中对黛玉的刻画尤显成功，尽管是坐姿，仍现其娉婷袅娜、清韵幽雅，"闲静如姣花照水，行动如弱柳扶风"，使人又怜又爱，见之忘俗。

5盎司彩色银币和1盎司彩色银币形状设计为扇形和八角形。扇形寓意古代文人手持的纸扇形状，八角形寓意古代建筑中的窗格形状，两种形状都富于中国古典文化气息，其上载以中国古典文学代表题材——《红楼梦》，再经瑞士造币厂彩印工艺为之增色，造就的必然是一枚枚金银币精品。

《红楼梦》的文学价值在四大名著中堪称最高，它深刻的文学内涵赋予了《红楼梦》金银币极高的艺术价值，《红楼梦》金银币成为四大名著系列金银币之翘楚也是名副其实。目前《红楼梦》彩色金银纪念币全套18枚市场价格在10万元上下。

《红楼梦》彩色金银纪念币全套18枚图案欣赏（见第3章配图）。

3. 中国古典文学名著——《西游记》彩色金银纪念币

《西游记》金银币自2003年至2005年连续发行三组，前两组均发行1/2盎司金币1枚、5盎司金币1枚、1盎司银币2枚、5盎司银币1枚，第3组增加1公斤银币1枚。

西游记金银币正面图案

《西游记》金银币正面图案均为"西天取经"图，画面一线石拱悬连天堑，石拱下现双峰入云，复有仞壁青松倒挂，昭示着师徒四人在迢遥的西方取经途中经历的险山恶水和艰难险阻；石拱之上为唐僧师徒群像，唐僧端坐于白龙马上，孙悟空牵马在前引路，猪悟能和沙悟净肩挑背负行李紧跟马后，人物景象布局合理，疏密有致。1/2盎司彩色金币背面图案分别为"猴王出世"、"悟空拜师"和"收月兔"；5盎司彩色金币背面图案分别为"大闹天宫""三打白骨精"和"比丘国降妖"；5盎司彩色银币背面图案分别为"蟠桃盛会"、"真假美猴王"和"文殊收狮"；1盎司彩色银币背面图案分别为"龙宫借宝"、"战二郎神"、"智收八戒"、"斗牛魔王"、"三调芭蕉扇"、"棒打蜘蛛精"；1公斤彩色银币背面图案为"取得真经"。

《西游记》金银币首次在金银币中运用了生动活泼的卡通画，这是它在设计上最大的特点。将连环画、动画片中的孙悟空卡通形象搬上金银币，这是金银币设计理念上一次大胆的创新，它突破了人们对传统、正统的金银币设计的一贯印象。卡通的美猴王有别于生肖上的动物，色彩上的艺术夸张力是带有民俗性的，是特具民间艺术化的创作，更容易让中外钱币收藏者喜爱，体现了最具民族特色的特征。

龙宫借宝

"大闹天宫"金币是中国贵金属纪念币发行以来的首枚5

大闹天富

盎司彩色金币。该枚币背面图案为孙悟空大闹天宫图，取自《西游记》第七回："八卦炉中逃大圣，五行山下定心猿"。画面中孙悟空以卡通版的美术设计亮相：头戴凤翅紫金冠，身穿锁子黄金甲，脚蹬藕丝步云履，脖系红披肩，腰束虎皮裙，好一个机灵漂亮、神采奕奕、勇猛矫健的美猴王！只见它手执金箍棒鏖战正急，脚下尘烟腾起，四周寒光道道，场面精彩激烈。设计者匠心独运，巧妙地拿四样兵器来喻群魔，使画面主题突出，内涵丰富，卡通版的设计和色彩的巧妙运用渲染了鏖战气氛，使币品更具美感和观赏性，将孙悟空上天入地大闹天宫、横扫一切妖魔鬼怪的大无畏气概和不屈不挠的斗争精神表现得淋漓尽致。

1/2盎司金币"猴王出世"是《西游记》金银币系列中的第一枚1/2盎司金币，它的龙头效应使它备受金银币收藏者的关注。该枚币的背面图案取自《西游记》第一回："灵根育孕源流出心性修持大道生"。币面正中一只长尾猴王在两朵祥云的衬托下腾空而起，横空出世。其通体棕色，精灵轻巧，右手箍头，侧首而探，亮出一个经典的猴相，凸现出刚出世的猴王稚嫩、活泼、天真、机灵的可爱形象。其脚下是山峦和巨岩，四周是石卵迸裂的碎块，揭示了猴王的不凡生世，昭示着它今后的不凡经历。

猴王出世

蟠桃盛会

5盎司彩色银币"蟠桃盛会"首次米用了80mm×50mm的长方形银币新规格。此前，我国虽发行过5盎司彩色银币，譬如2002年发行的中国民间神话故事彩色金银纪念币（第2组）中的5盎司彩色银币"哪咤闹海"，但均采用90mm×40mm规格。新规格的采用使币面布局更显大气、清晰，主题突出，也更符合人们的视觉观赏习惯。

1公斤彩色银币"取得真经"是《西游记》系列金银币的收官之作，也是中国贵金属纪念币发行史上第一枚1公斤彩色银币，被评为"最受群众喜爱的2005年中国贵金属纪念币"。

该枚币的背面图案取自《西游记》第九十八回"猿熟马驯方脱壳，功成行满见真如"中的经典场景，设计者在直径为100mm的币面上栩栩如生地描绘了28位各具神采的重要人物，人物分布错落有致，位置感极强，充分表现了唐僧师徒取得真经的欢悦气氛，给观者以超凡入化的东方美感。"取得真经"既是《西游记》故事的大结局，也是

《西游记》金银币系列的大团圆。

此外，《西游记》金银币对1盎司彩色银币发行数量进行了改革。《红楼梦》金银币中1盎司彩色银币每组发行4枚，而在《西游记》金银币改为每组发行2枚。这也是中国人民银行根据市场需求变化而采取的新调整。

取得真经

很值得骄傲的是，"《西游记》金银币"由我国自己的造币厂铸造，而此前的"《红楼梦》金银币"等均由瑞士造币厂铸造。这说明我国的造币工艺和水平进行了引进和提高，中国金币事业正不断发展和壮大。从设计水平和生产工艺来看，"《西游记》金银币"应该是目前已发行的四大名著系列金银币中最为优秀的。目前《西游记》彩色金银纪念币全套16枚市场价格在100万元上下。

《西游记》彩色金银纪念币全套16枚图案欣赏（见第3章配图）。

4. 中国古典文学名著——《水浒传》彩色金银纪念币

中国人民银行于2009—2011年分三组发行了《水浒传》彩色金银纪念币。前两组均发行1/3盎司金币1枚、5盎司金币1枚、1盎司银币2枚、5盎司银币1枚，第3组增加了1公斤金币和银币各1枚，全套共17枚。至此，中国人民银行历时17年发行的中国四大古典文学名著贵金属纪念币系列已全部发行完毕，四大古典文学名著将成为中国贵金属纪念币宝库中一朵永远绽放的奇葩。

2009年8月，中国人民银行发行了《水浒传》彩色金银纪念币（第1组），把水浒的忠义精神与金银的灿烂光辉融为一体，以一种全新的形式演绎水浒故事，掀起了一轮水浒币和名著币的收藏热潮。《水浒传》金银币（第1组）的图案选取了妇孺皆知、家喻户晓的宋江、林冲、鲁智深三个特色人物以及智取生辰纲、活捉黄文炳两个重要故事情节，紧紧抓住了收藏者的眼球。

及时雨宋江

第1组金银纪念币按原著连环套式的写作叙事风格，以金币图案中一个"令"字为纽带贯穿衔接，金银币中的"令"字配合人物的神态，如一道道帅令的发出，正准备着一场场新战役的开始，从币中，我们读到了三打祝家庄的战术，两赢童贯、三败高俅的计谋，而与右侧"替天行道"大旗的呼应，又显示出梁山英雄只杀贪官，对百姓则秋毫无犯的严明纪律和行动纲领，使梁山英雄在百姓心中已然是一支仁义之军，成为后世起义者效仿的榜样。而与两枚1盎司银币的呼应，"令"字又像是一道命令，下令鲁智生拔去杨柳，铲除社会"噪音"。"令"字又像是梁山泊吹响的"集结号"，召集着林冲等一百单八将忠义堂的聚义。另两枚5盎司金银币智取生辰纲、张顺活捉黄文炳所反映的内容，也都是号令严明、分工明确的结果。

《水浒传》金银纪念币（第1组）的图案内容，取材于《水浒全传》前四十回。在艺术表现方面，金银纪念币传承了《水浒传》人物形象的塑造写出复杂的性格内容，人物性格的形成有环境的依据，同时随生活环境的变化而发展杰出成就。图案设计采用中国古代人物"以形写神"的手法，运用工笔重彩的笔调，强调通过对人物外在形体动态，尤其是眼神的描绘，真实再现出不同人物的性格特征和内心世界，揭示其精神品格。

金币中宋江人物造型采用微微侧脸的设计，远眺的目光，紧闭的嘴唇，交错的双手，左手扣握腰带，右手胸举令旗，在背景群山、水道、云烟、"替天行道"大旗的映衬下，将宋江胸有成竹、指挥有方的领导才能和梁山泊反抗的宗旨表现得非常到位。

花和尚鲁智深

豹子头林冲

两枚银币中的人物则更加注重细节的刻画，鲁智生银币紧紧抓住"发力"的瞬间，在盘根错节杨柳的根须与虎背熊腰的躯体，圆睁的双眼与倒八的双眉，重心下坠的马步与脚部地面凹陷的裂纹等多处用相互"对比"映衬手法细腻描绘，辅以人物腰部旋起的衣服，将鲁智生的"勇"和"力"凸显得淋漓尽致。林冲银币则抓住"被逼无奈"的内心世界，暮冬天气，彤云密布，朔风紧起，大雪纷飞中，林冲双手紧握枪柄，肩扛挑了酒葫芦的花枪，迤逦迎着北风义无反顾地踏上了投身梁山的路途。远视的目光和坚定的步伐，突出了林冲向往光明、公正、自由的心中理想。

5盎司金币则突出一个"智"字，一面是青面兽杨志误饮药酒后的力不由已，捉脚不住的姿态，一面是生辰纲取得后晁天王得意的神情，两者的反差，在币面上形成了强烈的戏剧画面效果。彩印与本色浮雕的人物刻画，既避免了币面人物的拥挤，又给人以智取全过程的视觉享受。在画面的效果营造方面，运用了对比的手法，跳江欲逃的黄文炳

智取生辰纲

惊恐万状，而张顺在水中却如鱼得水，轻松自如，不愧为浪里白条的绰号，任你黄文炳再狡猾也是手到擒来。短刀的刻画，则为黄文炳的下场作出了暗交待。

2010年3月，《水浒传》金银纪念币（第2组）隆重发行，灿烂金银与忠义精神的完美交融再一次呈现在我们面前。

第2组1/3盎司金币的背面图案为梁山第二号人物卢俊义，他生长在豪富之家，"身躯九尺如银，威风凛凛，仪表如天神"，可谓英姿俊美，又因武艺超群而得到"玉麒

麟"的雅号，作为梁山的副头领和军队的副统帅，币面上强烈表现了卢俊义的飒飒英姿，既有豪门望族的贵气，又有江湖人物的侠气，同时透射出了英雄忠义双全、杀敌立功的拳拳报国之心，与第1组的"宋江币"可以说有着极其相似的地方，背景以线条雕刻出腾云驾雾的麒麟，寓意了卢俊义"玉麒麟"的雅号。

玉麒麟卢俊义

青面兽杨志

1盎司银币之一的背面图案为"青面兽"杨志，表现的是杨志卖刀，杀死泼皮牛二的情节，图案上将两个人物的内心世界刻画得比较成功。杨志怒目圆睁，满腔怒火，忍无可忍，将牛二踏翻在地，抽刀就杀，满腹的积愤和委屈，顷刻之间全部爆发。牛二被踏翻在地，他没想到不是杨志的对手，更没想到杨志敢杀人，临死之前的惊愕和恐惧得到了细致的刻画。

行者武松

另一枚1盎司银币背面图案为"行者武松"，展现的是众人皆知的"武松打虎"的场景，图案以线条雕刻与喷砂工艺相结合，塑造了山石、松枝等景物，简约明了地勾勒出景阳冈的地理环境。看武松，肌肉紧绷，把全身的力气集中在拳头上，朝老虎头上打去，这时的老虎，完全没有反抗的力气了。再看老虎，毛发油亮，齿爪锋利，绝对威猛，但就是这样一只猛虎，被赤手空拳打死了，更说明了武松的本领高强。

5盎司金币背面图案为"三打祝家庄"，说的是梁山好汉与祝家庄大战的故事，各选取了双方的一个人物，一个骑马使枪，一个单刀直入，两个人打得难解难分，他们身后旌旗飘飘、云雾缭绕，顿时有了千军万马的气势，美轮美奂的色彩配上精细雕刻的线条，恰如其分地渲染了双方的打斗场面，让人彷佛看到了整个三打祝家庄战斗的激烈。

三打祝家庄

5盎司银币背面图案为"公孙胜斗法破高廉"，两个主要人物为正义一方的公孙胜和邪恶一方的高廉。画面上高廉贼眉鼠眼、阴险狡诈，他身子后撤，几欲逃走。公孙胜相貌堂堂、仙风道骨，他高举宝剑，剑头指处，金光射出，立时破了高廉的法术，几只将死的蜈蚣跌落尘埃。这场正义与邪恶的较量，神力与妖术的对决，在币面上得到精彩呈现，并点题表现了"公孙胜斗法破高廉"的主题。《水浒传》金银币（第2组）承继

公孙胜斗法破高廉

了第1组的题材背景和设计风格，再一次将水浒传故事提炼和升华，在有限的空间范围内熔铸精髓，把最美的作品奉献给广大收藏爱好者。

2011年11月，《水浒传》彩色金银纪念币（第3组）发行。全套金银币的图案延续了前两组以人物为中心的表现手法，借用鲜艳的色彩和丰富的想象力将人物形象刻画得惟妙惟肖，并通过一些细节的描绘，把人物的独特性格及其所擅长的技艺塑造得生动而传神。

1/3盎司金币背面图案是智多星吴用的人物造型，只见他戴一顶桶子样的帽子，穿一领皂沿边麻布宽衫，腰系一条茶褐銮带，一只手抚长须，一只手拿羽扇，一身书生打扮，眉宇间透出几分沉稳，双目散发出智慧的光芒，这就是人称智多星的梁山军师。

5盎司金币背面图案为水浒人物呼延灼和关胜骑马行军的场景，取自《水浒传》第六十三回"呼延灼月夜赚关胜"的选段，仔细看过原著的读者相信都会被其中跌宕起伏的情节所

智多星吴用

吸引。关胜原本是征讨梁山的官军将领，与起义军多次交手均取得完胜，后呼延灼前来诈降，将关胜带入埋伏，导致其被俘。最终在宋江的仁义感召和朝廷黑暗、报国无门的现实逼迫下，关胜加入到梁山好汉的阵营当中。整个故事的转折点在呼延灼的诈降，因此将呼延灼月夜引关胜进宋江军营的画面作为主题图案，马上就可以激发起观赏者的联想，将故事的始末在脑海中进行还原，这样

呼延灼月夜赚关胜

纪念币的艺术生命力也就体现出来了。

1盎司彩色银币背面以小李广梁山射雁的景象为图案，取自《水浒传》第三十四回"石将军村店寄书，小李广梁山射雁"。故事的起因是在一次宴席上，晁盖不信花荣能一箭射断绒绦，当日席间，大家来到山间观景，一行大雁恰好飞过，花荣说他可以射中行中第三只雁的头，于是借来弓箭，只见他"搭上箭，拽满弓，觑得亲切，望空中只一箭射去"，这一箭，果然正中雁行内第三只，直坠落山坡下。叫军士取来看时，那枝箭正穿在那只雁的头上。晁盖和众头领看了，都称花

小李广花荣

荣为神臂将军。自此梁山泊无一个不钦敬花荣。银币上花荣舒展的射雁动作，再现了当时那个经典的时刻，也向世人展示着他神射手的绝技。

李逵探母

"李逵探母"1盎司彩色银币，展现了黑旋风李逵温情的一面。图案中，他面带微笑，背着母亲走在林间小路上，还扭过头来和母亲谈论着些什么，从母亲会心的笑容中，我们可以猜到他们一定在聊未来美好的生活。整个画面如此温馨、感人，这在李逵的所有出场镜头中极为少见，让我们意识到：原来一个行事鲁莽、心粗急躁的黑旋风也可以在亲情的作用下变成另一个人。

5盎司彩色银币的背面图案，取自《水浒传》第七十四回"燕青智扑擎天柱，李逵寿张乔坐衙"，画面中，只见一彪形大汉头朝下，脚在上，腾于空中，而燕青则稳稳地摆出一副摔跤的姿势，两者形成了强烈的反差，燕青的潇洒和擎天柱的狼狈给人留下了深刻的印象，由此也树立了燕青智勇双全的人物形象。

燕青智扑擎天柱

作为《水浒传》彩色金银纪念币系列的最后一组，当然少不了一张全家福的图案，1公斤彩色金币和1公斤彩色银币就选取了"齐聚忠义堂"的画面，为整个系列画上了圆满的句号。图案上，梁山好汉们欢聚一堂，把酒当歌，虽然不是他们在忠义堂齐聚的全景，不过依然具有极强的感染力，好汉们豪爽、洪亮的笑声似乎回荡在耳边。

齐聚忠义堂

目前《水浒传》彩色金银纪念币全套17枚市场价格在45万元上下。

《水浒传》彩色金银纪念币全套17枚图案欣赏（见第3章配图）。

第9节　中国石窟艺术金银纪念币

中国的石窟艺术从魏晋南北朝时期随着佛教艺术由印度传入我国，在中国起自十六国时期，延续至明、清代，长达一千数百年之久，尤以北朝、隋、唐、宋、元各代更为盛行。无数艺术匠师们根据当时的宗教信仰、社会风尚并结合他们自身的生活感受，以及在吸收外来文化艺术的基础上不断有所创新，形成中国的特色，反映了中国封建时代的思想文化和社会生活，集建筑雕塑和绘画艺术之大成。

在中国境内有许许多多各时代的石窟艺术作品，现存石窟遗迹有120余处，大小不同，风格各异，如甘肃敦煌的莫高窟、河南巩县的石窟寺、新疆拜城县的克孜尔石窟、新疆库车县的库木吐石窟、甘肃临夏永靖县的永靖炳灵寺石窟、甘肃天水市的麦积山石窟、河南洛阳的龙门石窟、山西大同的云冈石窟、甘肃安西县的榆林窟等。尤其是有着"中国四大石窟"美誉的敦煌莫高窟、洛阳龙门石窟、天水麦积山石窟和大同云冈石窟更是其中的典范之作。它们是中国古代文化艺术的历史瑰宝。

中国人民银行在2001年、2002年、2004年和2010年先后发行了中国石窟艺术系列（敦煌）金银纪念币、中国石窟艺术系列（龙门）金银纪念币、中国石窟艺术系列（麦积山）金银纪念币和中国石窟艺术系列（云冈）金银纪念币，不仅弘扬了灿烂悠久的中国石窟艺术文化，而且对中国石窟艺术与文化的传承和保护发挥了积极的促进和推动作用。

1. 中国四大石窟之一 —— 敦煌莫高窟金银纪念币

（1）敦煌莫高窟简介

敦煌莫高窟外景

莫高窟俗称千佛洞，位于甘肃敦煌市东南25千米的鸣沙山东麓崖壁上，上下五层，南北长约1600米。始凿于366年，后经十六国至元十几个朝代的开凿，形成一座内容丰富、规模宏大的石窟群。

公元前二世纪，汉武帝派张骞出使西域，打开了通向中亚、西亚的陆上交通"丝绸之路"。千百年来，碧天黄沙的丝路贯通着中西文化交流和友好往来。而敦煌，地处丝路南北三路的分合点，当年曾是一座繁华的都会，贸易兴盛，寺院遍布。以艺术形象宣传思想的佛教，从印度传入中国后，与中华传统文化融合，沿路留下了大量的石窟文化遗产，其中以莫高窟为主体的敦煌石窟规模最大，延续时间最长，内容最丰富，保存最完好。

莫高窟现存洞窟492个，壁画45000平方米，彩塑2400余身，飞天4000余身，唐宋木结构建筑5座，莲花柱石和铺地花砖数千块，是一处由建筑、绘画、雕塑组成的博大精深的综合艺术殿堂，是世界上现存规模最宏大、保存最完好的佛教艺术宝库，被誉为"东方艺术明珠"。

莫高窟作为艺术的宝库，不同时代的艺术风尚在这里

敦煌壁画

汇集成斑斓景观。敦煌唐代艺术代表了中国佛教艺术最璀璨的时代，外来的艺术与中国的民族艺术水乳交融，敦煌唐代艺术空前丰富多彩。那雄伟浑厚高达十几米的巨大佛像，灵巧精致仅有十余厘米的小菩萨，场面宏大、人物繁密的巨幅经变，形象生动、性格鲜明的单幅人物画都让人印象深刻。

飞天，是佛教中被称为香音之神的能奏乐、善飞舞、满身异香而美丽的菩萨。唐代飞天更为丰富多彩、气韵生动，她既不像希腊插翅的天使，也不像古代印度腾云驾雾的天女，中国艺术家用绵长的飘带使她们优美轻捷的女性身躯漫天飞舞。飞天是民族艺术的一个绚丽形象。提起敦煌，人们就会想到神奇的飞天。

飞天壁画

飞天无疑是敦煌壁画的标志和象征。不过，飞天形象并不仅仅属于敦煌，比如，云冈石窟的飞天雕像也非常有名；进一步，飞天形象也不仅仅属于中国佛教艺术，在印度、中亚、东南亚以及日本，飞天形象也都极其迷人，但凡有佛教艺术的地方，必然会出现飞天形象。1987年，莫高窟被列入《世界遗产名录》。

（2）敦煌莫高窟金银纪念币

2001年，中国人民银行发行中国石窟艺术——敦煌金银纪念币一套3金2银，分别取名为5盎司金币初唐舞乐图、1/10盎司金币北魏彩塑佛像、1/2盎司金币唐代长鼓舞、2盎司银币盛唐菩萨像和5盎司银币唐代奏乐图。

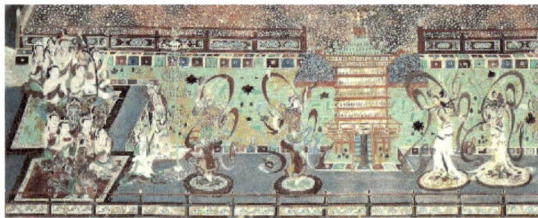

敦煌舞乐图壁画

中国石窟艺术——敦煌石窟5盎司金币的背面图案为《初唐舞乐图》，取材于敦煌莫高窟220号窟之南壁——通壁大型西方净土变中精彩舞乐图的局部，那是一个充满欢乐幸福、永无盘涅痛苦的极乐世界。金币截取了西方净土变中精彩舞乐图的局部，只有两位舞姬，盛装艳服，头戴宝冠，发髻高束，着石榴裙，全身缀满珠玉和铃铛，赤足于小圆毯上婆娑起舞；舞姬的面庞丰美，姿态婀娜妖娆，但神态肃穆，双目细长，双瞳如同幽深的古泉，仿佛连天上的星辰都会被吸引而坠落其中；而她们的手指和腰身曼妙无双，动作轻

金币初唐舞乐图

灵迅捷，飘带飞舞，宛若惊鸿。整个画面庄严而妖娆，灵动而凝滞，仿佛水和火被揉到了一处一起绽放开来，妙不可言。闭上双眼，有流动不息的风和叮咚如泉水的银铃交击声，耳边仿佛真的传来阵阵钟鼓、满堂笙箫；睁开双眼，迤俪瑰奇的极乐世界，让人不由陶醉在这优美的翩翩舞姿之中。

三道弯舞姿

欣赏唐代敦煌石窟壁画舞乐人物特有的曲线美。凡是我们今天所能见到的绘画、雕塑中的唐舞形象，特别是舞姬的形象，没有一个是直立的，凡乎全部是弯曲的造型，甚至有不少呈现出"三道弯"的体态。5盎司金币上的舞姬是典型的"三道弯"体态，呈现出非常含蓄和古典的美态。

欣赏初唐敦煌壁画中健康优美、神形兼备的艺术形象。虽然它描写的是想象中的西方极乐世界，带有很深刻的宗教烙印，但人物形象的敦厚浓艳、丰腴健硕又来源于世俗世界，穿梭在宗教幻想与现实世界中，更加富有感染力量。

1/10盎司金币的背面图案为"北魏彩塑佛像"，塑造了佛之盘膝端坐、两手交叉、双目微垂的禅定形象。莫高窟初期彩塑多与禅定观像联系，造型古朴、浑厚、庄重、含蓄，体现"执心恬静"的内向肃穆。该作品面部沉静、端庄，眉目口角之处流露出一种神秘莫测的微笑，被喻为"中国的蒙娜丽莎"，为敦煌早期彩塑最著名的作品。

金币北魏彩塑佛像

这枚金币采用正面视角，左右对称设计，画面宁静和谐、恬淡自然。对称之美，是一种宁静之美、庄严之美。

1/2盎司金币的背面图案出自安西榆林窟第25窟壁画，观无量寿经变之西方净土图中下部长鼓舞，唐人舞伎者肤色采用喷砂处理后打亮，衣饰及腰间的鼓采用多种不同喷砂效果。

敦煌长鼓舞壁画

金币唐代长鼓舞

舞伎位于图中央，身挎长鼓蹬踏起舞，乐声悠扬，舞姿雄健，是唐代歌舞艺术的真实写照，舞伎丰腴健壮，充分体现了唐代以胖为美的审美时尚。

2盎司银币的背面图案为盛唐时期的菩萨壁画，该币曾荣获2003年"世界硬币大奖"最佳银币奖。

"看莫高窟，不是看死了一千年的标本，而是看活了一千年的生命"，这句话被无形而有神地镌在这枚名声在外的精制纪念银币上，俗世的繁华不过是转瞬即逝，永恒的信仰留于方寸存于吾心。

该币采用无边沿高浮雕制作方式，图案中佛像肤色采用细砂喷处理，饰物打亮，后背光环上的花纹图案进行喷砂处理，其余镜面处理。币中图案出自敦煌莫高窟第328窟壁画，壁画中菩萨一腿下垂作"游戏坐"式，这种随意安坐、活泼舒坦的像式，显然是世俗化的一种表现。菩萨肌肤丰润，体态自然，裙饰华丽，胸前的璎珞、臂戴的金钏细琢精致，整体造型呈现出一种和谐、淡雅的美感，带有明显唐代壁画人物造型的特征。"菩萨如宫娃"，这样的形象非常接近于现实生活，注重画面的远近透视关系，有比较逼真的视觉效果和感受。

银币盛唐菩萨像

由于白银材质的自身魅力，可分别从阳光和灯光下来欣赏这枚获奖银币。由于光与影的不同作用，给予我们截然不同的感受。

阳光下，银币的菩萨像展现出宏伟磅礴的气势，凝固起一股强大圣洁的精神力量，给人以心灵的震撼和冲击。

灯光下，菩萨的身体形态、服饰凹凸有致，高低错落，经过雕刻以后产生很丰富的肌理和节奏，释放出来的情绪很深邃古老，再加上菩萨形象特有的世俗化、平民化，透着直率与灵气，有一股贴近心底深处的亲切温暖。但动作轻捷、形象生动，不失为敦煌唐代艺术之佳作。

银币唐代奏乐图

5盎司银币的背面图案为"唐代奏乐图"，选自榆林窟唐代壁画，为观无量寿经变之极乐图。图中乐手4人，前面一人领唱兼打拍板，其余3人分别作箫、笛和排箫协奏。人物造型生动，姿态优雅，配合默契；线描流畅飞动，饶有意趣。画中的节奏和韵律，应该像诗歌和音乐那样，抑扬顿挫，铿锵有声。尤其是衣带末端卷曲的"S"或反"S"形，韵律优美，别具一格，与奏乐者的神情和动态相呼应，酿造出一种仙乐袅袅的美妙意境。

2. 中国四大石窟之一 —— 龙门石窟金银纪念币

（1）龙门石窟简介

龙门石窟实景

龙门石窟始开凿于北魏孝文帝千都洛阳（公元494年）前后，后来历经东西魏、北齐、北周，到隋、唐至宋等朝代又连续大规模营造达400余年之久。其密布于伊水东西两山的峭壁上，南北长达1千米，共有9.7万余尊佛像，1300多个石窟。现存窟龛2345个，题记和碑刻3600余品，佛塔50余座，造像10万余尊。其中最大的佛像高达17.14米，最小的仅有2厘米。这些都体现了我国古代劳动人民很高的艺术造诣。

奉先寺是龙门唐代石窟中最大的一个石窟，长、宽各30余米。据碑文记载，此窟开凿于唐代武则天时期，历时三年。洞中佛像明显体现了唐代佛像艺术特点，面形丰肥、两耳下垂，形态圆满、安详、温存、亲切，极为动人。石窟正中卢舍那佛坐像为龙门石窟最大佛像，身高17.14米，头高4米，耳朵长1.9米，造型丰满，仪表堂皇，衣纹流畅，具有高度的艺术感染力，实在是一件精美绝伦的艺术杰作。据佛经说，卢舍那意即光明遍照。这尊佛像，丰颐秀目，嘴角微翘，呈微笑状，头部稍低，略作俯视态，宛若一位睿智而慈祥的中年妇女，令人敬而不惧。有人评论说，在塑造这尊佛像时，把高尚的情操、丰富的感情、开阔的胸怀和典雅的外貌完美地结合在一起，因此，她具有巨大的艺术魅力。卢舍那佛像两边还有两个弟子迦叶和阿难，形态温顺虔诚，两菩萨和善开朗。天王手托宝塔，显得魁梧刚劲。而力士像就更动人了，只见他右手叉腰，左手合十，威武雄壮。

龙门石窟中另一个著名洞窟是宾阳洞。这个窟前后用了24年才完成，是开凿时间最长的一个洞窟。洞内有11尊大佛像。主像释迦牟尼像，高鼻、大眼、体态端祥，左右两边有弟子、菩萨侍立，佛和菩萨面相清瘦，目大颈平，衣锦纹理周密刻划，有明显西域艺术痕迹。窟顶雕有飞天，挺健飘逸，是北魏中期石雕艺术的杰作。洞中原有两幅大型浮雕《皇帝礼佛图》、《太后礼佛图》，画面上分别以魏孝文帝和文明皇太后为中心，前簇后拥，组成礼佛行列，构图精美，雕刻细致，艺术价值很高，是一幅反映当时帝王生活的图画。可惜被美国人勾结中国奸商盗运到美国，现分别藏于美国堪萨斯城纳尔逊艺术馆和纽约市艺术博物馆。而洞口唐宰相书法家褚遂良书碑铭，很值得一览。

万佛洞在宾阳洞南边，洞中刻像丰富，南北石壁上刻满了小佛像，很多佛像仅一寸或几厘米高，计有1500多尊。正壁菩萨佛像端坐于束腰八角莲花座上。束腰处有四力士，肩托仰莲。后壁刻有莲花54枝，每枝花上坐着一菩萨或供养人，壁顶上浮雕伎乐人，个个婀娜多姿，形象逼真。沿口南壁上还有一座观音菩萨像，手提净瓶举尘尾，体态圆润丰满，姿势优美，十分传神。

古阳洞也很出名。这里有丰富造像题记，为人称道的龙门十二品大部分集中在这里。清代学者康有为盛赞这里的书法之美为：魄力雄强、气象浑穆、笔法跳越、点画峻厚、意态奇逸、精神飞动、骨法洞达、结构天成、血肉丰美。

龙门石窟金银币正面图案

药方洞，刻有140个药方，反映了我国古代医学的成就。把一些药方刻在石碑上或洞窟中，在别的地方也有发现，这是古代医学成就传之后世的一个重要方法。

龙门石窟保留着大量的宗教、美术、书法、音乐、服饰、医药、建筑和中外交通等方面的实物史料。因此，它堪称为一座大型石刻艺术博物馆。

（2）龙门石窟金银纪念币

中国石窟艺术系列（龙门）金银纪念币发行于2002年4月10日，全套包括金币2枚、银币3枚。该套金银纪念币的正面图案相同，均为龙门石窟奉先寺大卢舍那像龛

金币礼佛图

图，并刊国名、年号及"中国石窟艺术——龙门"中文字样。

5盎司金币的背面图案为礼佛图，该图采自龙门石窟第140窟宾阳洞。其前壁窟门两侧，分布着上下四层的浮雕画像。其中第三层的两侧，分别是皇帝和皇后的礼佛图。北侧为皇帝礼佛图，描绘的是北魏孝文帝率领臣下、眷属、侍从礼佛的场面，该场面人物众多，身份、形象、姿态、神情各异，又和谐统一；构图巧妙，雕刻精美，是当时宫廷生活、仪仗制度和佛事活动的真实写照。

该币根据图案内容较为丰富的特点，综合运用了镜面多层次喷砂以及反喷砂工艺，对人物服饰、配件等进行了精细的工艺处理，使人物场面表现得生动真实。

1/2盎司纪念金币的背面图案为飞天图，飞天图采自龙门石窟第712窟。其内容丰富，艺术精湛，是北魏最重要的洞窟之一。窟顶雕刻一朵大莲花，因而得名"莲花洞"。该莲花硕大精美，周围六身飞天，分别从左右朝向正壁的主尊飞翔，载歌载舞前来供养。该币图案造型的雕工简单明快，表面采用了

金币飞天图

相对简单的镜面喷砂工艺，有效地增强了画面背景的空间感，突出表现了"龙门飞天"轻盈造型中透出的刚健与修美。

银币大卢舍那佛像

1公斤银币的背面图案为大卢舍那佛像图。在龙门石窟中，规模最大的是第1280窟奉先寺大卢舍那像龛，其于公元675年完工。主尊大卢舍那佛像高17.14米，丰颐秀目，是唐人心中美和智慧的化身。它是中国现存最完美、最知名的佛教造像之一，成为今天龙门石窟最具标志性的作品。

该币除了采用多层次喷砂、反喷砂等工艺以加强整体图案的表现效果外，还突破了传统的完整清边工艺模式，利用部分清边参与构图，巧妙地与主体图案结为一体，表现了佛法无边的境界和无比有大的佛学精髓。

5盎司银币的背面图案为天王、力士像图。但见天王身披铠甲，手托宝塔，足踏小鬼，英武硕壮；力士上身赤裸，强健威猛，蹙眉怒目，气势逼人。该币在保持传统5盎司银币直径（70mm）不变的基础上，采用了底面镜面及相对高浮雕的工艺，增强了人物造型浮雕的表现力，突出了天王威严英武及力士强健威猛的形象特征。

2盎司银币的背面图案为释加牟尼佛坐像图，释加牟尼佛坐像图采自龙门石窟第140窟宾阳中洞。其于公元523年完

银币天王、力士像

工，窟内正壁造像五尊，主尊释加牟尼佛坐像居中，两侧为弟子迦叶、阿难和左右胁侍菩萨立像。此窟造像即"秀骨清像"新风格的典型代表。该币采用普通1盎司银币直径（40mm）大小，增加了边部的相对厚度，并采用相对高浮雕工艺，底面略微凹陷，增强了图案造型饱满的视觉效果。

银币释加牟尼佛坐像

3. 中国四大石窟之——麦积山石窟金银纪念币
（1）麦积山石窟简介

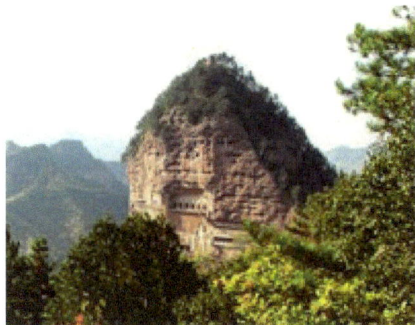

麦积山石窟外景

麦积山位于甘肃省天水市东南约45千米处，是我国秦岭山脉西端小陇山中的一座奇峰，山高只142米，但山的形状奇特，孤峰崛起，犹如麦垛，人们便称之为麦积山。山峰的西南面为悬崖峭壁，石窟就开凿在峭壁上。石窟始建于1500多年前，大多在20到80米高的悬崖绝壁上开凿，层层相叠，密如蜂巢。各洞窟之间有栈道相连，攀援而上可达山顶。麦积山石窟以泥塑为特色，塑像的大小与真人相若，被誉为"东方塑像馆"。

在如此陡峻的悬崖上开凿成百上千的洞窟和佛像，在我国的石窟中是罕见的。在我国的著名石窟中，自然景色以麦积山为最佳。

麦积山石窟开凿年代，始于后秦，历经北魏、西魏、北周、隋、唐、五代、宋、元、明、清历代，都在不断地开凿和修缮，现存造像中以北朝造像原作居多。现存洞窟194个，其中有从4世纪到19世纪的历代泥塑、石雕7200余件，壁画1300多平方米，是闻名世界的艺术宝库。

（2）麦积山石窟金银纪念币

中国石窟艺术系列（麦积山）金银纪念币发行于2004年7月28日，全套包括金币2枚、银币1枚。纪念币的正面图案均为麦积山石窟造型，并刊国名、年号及"中国石窟艺术——麦积山"中文字样。

麦积山石窟金银币
正面图案

该套金银币的正面图案采用传统的喷砂、抛光工艺来表现麦积山外景的地理特征和人文特征，强调了砂砾岩的质感和树木的葱郁，以简洁朴素的艺术语言将三身摩崖造像、繁密的洞窟、纵横的栈道表现得清晰有致，同时画面中耸入云端的山峰使麦积山显得更加蔚为壮观与雄奇。

5盎司金币的式样为圆形，背面图案选自第44窟主佛造像。其整身塑泥如新，神情生动，雕工细腻。佛像作旋涡纹高肉髻，面型修长，弯眉连鼻，凤眼下视，嘴含微笑，

金币主佛造像

五官端正秀丽，融高贵和善于一体。古代艺术家用简繁对比的巧妙手法，强调突出了佛的面部表情，使此身佛像精美异常，成为西魏泥塑艺术的杰出代表作品。

1/2盎司金币的图案选自第135窟坐佛造像。坐佛双手抚于胸前，嘴角微带笑意，神情恬静安详，质朴而虔诚，仿佛在表达对"极乐世界"的心驰神往和对美好理想的追求。这身佛

金币坐佛造像

像的艺术手法洗练概括，融智慧豁达与祥和庄严于一身，不愧为北周时期"珠圆玉润"造像风格的代表作品。

2盎司银币的图案选自第121窟正壁两比丘尼、菩萨造像。这两身胁协菩萨为麦积山石窟艺术极具艺术性、充满生活情趣的北魏佳作。左菩萨头束螺旋高发髻，状如塔型，身着宽边敞口大衣，双手合十，倾听佛法。右菩萨面含会心微笑，似有所悟。她们宛如一对姐妹，神情超凡脱俗，安详亲密，似在侃侃而谈，倾心交流，同时也流露出对佛的虔诚和坚定的信念。

银币两尊菩萨立像

中国石窟艺术——麦积山金银纪念币的背面图案在设计构思、浮雕处理及工艺表现上较好地体现了古代艺术杰作的艺术风格和文化品位。作者不仅深入了解了作品时代艺术风格和审美取向，如北魏、西魏造像的秀骨清像、褒衣博带的特点，北周造像的珠圆玉润、博大安详的审美追求，而且较好地把握了佛教造像艺术是天国与人间、理念与本能、信仰与思辨的完美结合。该套纪念币的背面图案除了5盎司金币的图案将佛与飞天进行过适当的艺术处理之外，另外两个图案设计都比较简洁，也更说明麦积山雕塑艺术是何等的完美。此外，该套纪念币的浮雕处理也最大程度地忠实原作，根据麦积山石窟造像多为泥塑，刻画入微、情趣横生的特点，使纪念币中的造像与原作相比惟妙惟肖，真实地再现了麦积山石窟的艺术风格。另外，该套纪念币的工艺表现也从整体出发，不在细节徘徊，根据不同的币面效果，采取不同的喷砂工艺，使纪念币的设计、浮雕和工艺更加完美地结合起来。

4. 中国四大石窟之一 —— 云冈石窟金银纪念币

（1）云冈石窟简介

云冈石窟距今已有1500多年的历史，始建于公元460年，由当时的佛教高僧昙曜奉旨开凿。现存的云岗石窟群是1961年国务院公布的第一批全国重点文物保护单位之一。整个石窟分为东、中、西三部分，石窟内的佛龛，像蜂窝密布，大、中、小窟疏密有致地嵌贴在云冈半腰。东部的石窟多以造塔为主，故又称塔洞；中部石窟每个

都分前后两室，主佛居中，洞壁及洞顶布满浮雕；西部石窟以中小窟和补刻的小龛为最多，修建的时代略晚，大多是北魏迁都洛阳后的作品。整座石窟气魄宏大，外观庄严，雕工细腻，主题突出。石窟雕塑的各种宗教人物形象神态各异。在雕造技法上，继承和发展了我国秦汉时期艺术的优良传统，又吸收了犍陀罗艺术的有益成分，创建出云冈独特的艺术风格，对研究雕刻、建筑、音乐及宗教都是极为珍贵的宝贵资料。

云冈石窟外景

云冈石窟依山而凿，东西绵延约一千米，共有大小石窟53个，佛雕51000多尊，是我国最大的石窟之一，与敦煌千佛洞、洛阳龙门石窟并称为中国三大石窟艺术宝库。

纵观群佛，在这绵延一千米的石雕群中，雕像大至十几米，小至几厘米的石雕，巨石横亘，石雕满目，蔚为大观。他们的形态神彩动人，有的居中正坐，栩栩如生，或击鼓，或敲钟，或手捧短笛，或载歌载舞，或怀抱琵琶，面向游人。这些佛像，飞天，供养人面目、身上、衣纹上，都留有古代劳动人民的智慧与艰辛。这些佛像与乐伎刻像，还明显地流露着波斯色彩。这是我国古代人民与其他国家友好往来的历史见证。云冈石窟是在我国传统雕刻艺术的基础上，吸取和融合印度犍陀罗艺术及波斯艺术的精华所进行的创造性劳动的结晶。

云冈石窟的佛像艺术是中国中原地区继承和发展秦汉传统雕刻艺术，又吸收融合印度佛像艺术的首批大规模工程，是中国古代雕刻艺术的伟大宝库，在世界文化上有着显著的地位。2001年12月云冈石窟被列入《世界遗产名录》。

（2）云冈石窟金银纪念币

中国人民银行定于2010年8月发行中国石窟艺术（云冈）金银纪念币1套。该套纪念币共5枚，其中金币3枚、银币2枚。中国石窟艺术（云冈）金银纪念币是继敦煌莫高窟、龙门石窟和麦积山石窟之后，中国贵金属纪念币石窟艺术系列的最后一组。

中国石窟艺术（云冈）金银纪念币整套设计图案源自云冈石窟现存45个主要洞窟造像中精选出的不同历史时期代表性石窟造像。该套金银纪念币正面共同以云冈石窟外景为主要图案。底面采用镜面铸币工艺，图案采用多层次喷砂、渐变喷砂、局部做亮工艺，文字、国名、年号采用喷砂工艺。

云冈石窟金银币正面图案

1/2盎司金币背面图案选取云冈石窟北魏第5窟前室北壁上层东侧龛内坐佛头部造型，该尊坐佛为云冈石窟雕刻艺术的精品。该金币通过多层次喷砂铸币工艺生动再现了佛像高挽肉

金币坐佛头部造型

髻、细目低垂、鼻梁高挺、嘴角含笑的传神外形，刻画了大佛从容自若、睿智沉思的神韵。

在中国的石窟艺术中，表现释迦牟尼为太子时，在菩提树下静坐思维禅悟场面的思维菩萨像，一直是最优美、也是最受人喜爱的佛像造像题材之一。

5盎司金质纪念币背面图案取自云冈石窟北魏第6窟中心塔柱北面的浮雕佛传故事"太子乘象回城"。

金币太子乘象回城

太子乘象回城，在向世人讲述生动而久远的佛传故事，将太子较艺、宫中嬉戏、请求出游、出游四门、耶输陀罗入梦、逾城出家、入山求道的画面——串联，仿佛亲身经历故事的情节。太子华丽的装饰，尊贵的气质，尽显不凡的身份；优雅的姿势，优美的乐曲，彰显渊博的学识。学成归来的太子，将一展宏图，一定乾坤。

金币三世佛造型

1公斤圆形金质纪念币背面图案为云冈石窟三世佛造型，选材于著名的第20窟。扬名世界的第20窟大佛，在云岗石窟中部西隅，造像露天，主像是释迦坐像，高13.7米，造型非常雄伟挺拔，胸部以上石质坚硬，保存完好，两肩宽厚，面相丰腴，薄唇高鼻，神情肃穆。佛祖身披右袒袈裟，呈结跏趺坐状，手势为大目如来"定印"状（定印，又称禅定印，是表示禅思，使内心安定的意思）。据说释迦佛在菩提树下禅思入定、修习成道时，就是采用这种姿势。佛祖背光的火焰纹和坐佛、飞天等浮雕十分华美，把主佛衬托得雄浑大气，是云冈石窟中的精华作品。大佛的衣纹成阶梯状排列，线条简洁，显示出一种粗重厚实的质感，反映了健陀罗造像和中亚牧区服装的特点。

2盎司银币的背面图案选取云冈石窟北魏第10窟后室明窗顶部莲花与飞天造型。该莲

银币莲花与飞天造型

花造型为云冈石窟天顶浮雕装饰的典型代表，通过多层次喷砂铸币工艺突出表现了重层大莲花的祥和、大气以及飞天的轻盈、优雅。整个画面富丽堂皇、饱满生动。佛教有宝伞、双鱼、宝瓶、莲花、白螺、如意、宝幢、金轮八种吉祥宝物。莲花是佛教吉祥宝物的一种，象征圣洁，释迦牟尼把莲花放在最崇高的位置。

银币菩萨与莲花纹造型

1公斤银质纪念币背面图案取自云冈石窟北魏第11窟外附窟内胁侍菩萨像，结合莲花纹造型。慈悲的胁侍菩萨，秀美端庄，在略显柔弱的外表下，却肩负着教化众生的重担；头顶的宝冠显示着修行的高深和地位的尊贵；紧闭的双眼，是不愿看到人世间疾苦的善良；一双纤细而充满法力的玉手，安抚了多少受伤的心灵，治愈了多少凡间的病痛，又给多少人指引了方向，带去了希望。

历时10年的中国石窟艺术系列金银纪念币终于画上圆满的句号，中国石窟艺术系列金银币由于题材优秀、工艺精致，发行以来一直是金银币收藏爱好者关注的热点品种，投资增值可观。其中的4枚1/2盎司金币和4枚2盎司银币是最具收藏投资价值的品种，目前市场价格在10万元上下。

第10节　中国珍稀动物金银纪念币

随着生态危机的频频发生，生态、环境、自然日益成为我们老生常谈的话题。环境保护事关地球万物的生死存亡，事关人类社会的可持续发展，是每一个人义不容辞的责任。只有通过多种多样的宣传，让生态保护的理念深入人心，并化为人们自觉的行动，可持续发展才可能成为现实。钱币艺术以其特有的艺术品质、工艺技术和雕刻效果而成为传播生态环保理念最具感染力的艺术形式之一。中国现代贵金属纪念币中的珍稀动物系列金银纪念币是生态保护题材中的精品。

1. 珍稀动物系列金银纪念币发行概况

珍稀动物系列金银纪念币共有六组，分别发行于1988年、1989年、1992年、1993年、1999年和2000年，共包括5枚金币和11枚银币，着重选取了一些濒临灭绝的中国特有珍稀野生动物和珍禽鸟类动物。从"森林天使"金丝猴到"长江女神"白鳍豚、"东方宝石"朱鹮；从"中国虎"华南虎到"长寿仙禽"丹顶鹤、"东北三宝之一"梅花鹿；从"猫牛"羚牛到"幸运鸟"东方白鹳、"豹中珍品"雪豹；从国宝大熊猫、棕熊到野骆驼、"四不象"麋鹿、珍禽戴胜鸟和天堂鸟等。珍稀动物题材一直都是世界钱币收藏中的热门，历来受到藏家追捧，这里既有都市人对野生自然环境的渴慕，也有人类反省自身而对地球其他物种的关怀，通过这种方式来体现对人与自然和谐理念的追求。这套珍稀动物题材金银币展现了中国独有珍稀动物的独特形态和生理习性，非常注重细节的刻画，而且凸显对中国传统文化的理解。

每一枚金银币，每一种世界级的珍稀野生动物，不同的形态，不同的生存特征，不同的生态环境，甚至还有不同的命运。这个系列的每一枚币都是独一无二的，集中了960万平方千米的土地上最奇特的珍稀野生动物景观和由此衍生的特殊的文化内涵，它们不仅仅是造物者和祖先留给我们的最珍贵礼物，也不仅仅证明中国的地大物博，更像一面镜子，折射出在我们经济取得巨大成功的进程中，曾经对这片土地和生活在其中的珍稀动物们造成的巨大伤害，它们有的已经消失多年，有的已经濒临灭绝，有的勉强延续……

2. 中国珍稀动物系列金银纪念币欣赏

（1）珍稀动物金银纪念币第1组

1988年，中国人民银行发行了珍稀动物金银纪念币第1组，该套纪念币为8克金币1枚，27克银币2枚，共3枚。

金丝猴金币

金丝猴是中国特有的世界珍稀动物之一，属于国家一级保护动物。它瘦长的身体上长着柔软的金色长毛，最长可达三十多厘米，披散下来就像一件金黄色的"披风"，十分漂亮。如此耀眼夺目的外衣使它得到了"金丝猴"的美名。

金丝猴　　　　　　　　金币金丝猴

"金丝猴"与"大熊猫"齐名，在我国珍稀野生动物中名列前茅，因此"金丝猴"成为"珍稀野生动物"（第1组）中金币的选题。金币图案设计为一只身材肥壮、皮毛茂密亮丽的成年雄性金丝猴，在树枝间嬉戏的动态画面，它似乎在抓住树枝荡秋千，又似乎与画面外的同伴在追逐打闹，还似乎发现了山间的"意外来客"，在机警地四望。设计者力求按照它的日常生活习性，表现出它在山野间自由欢乐的生活场景。设计者选择的平视角度，使观赏者在视觉上产生一种身临其境的效果，仿佛我们就是那样一位"意外来客"。同时，这样的角度，也让我们清晰地看到金丝猴身上浓密的毛发，在黄金材质的金属光泽衬托下，通过精湛的雕刻工艺，仿佛能够感受到那一身灿烂的毛发在阳光下散发出无比亮眼的光芒。

金丝猴是由古猿进化而来的灵长类动物，与人类一道跨过了漫长的历史长河，经历了无数次自然灾害和变迁，生存了下来。其作为人类的美丽邻居、血缘很近的"亲戚"，却难以逃脱现代人类给它带来的毁灭性灾难，现在成为数量十分稀少的珍贵物种。"金丝猴"纪念金币再现了金丝猴的真实生活，向收藏者展现了金丝猴的生理特征，同时又在设计中有意无意地渗透进了"金丝猴"作为一种珍稀野生动物特有的谨慎，将环境保护的意义隐藏在画面深处。

白鳍豚银币

白鳍豚

银币白鳍豚

银币上刻画的"白鳍豚"体态娇美，呈流线型；眼睛很小，嘴似鸟喙般向前伸出，鼻孔长在头顶；背鳍为三角形，尾鳍又大又扁，样貌非常活泼可爱。两尾互相嬉戏的白鳍豚好似一对依恋情深的母子，在曼妙的水纹中跳跃戏水。

白鳍豚最珍贵之处在于它仍保留着2000多年前的一些古老性状，是真正的活化石，有重要的学术研究价值。因此，它一直受到国内外学术界的高度重视，赢得了"长江中的大熊猫"的称号，是中国的国宝之一。

朱鹮银币

朱鹮，国家一级保护野生动物，也称"朱鹭"，民间又称它为"红鹤"，象征吉祥、幸福。朱鹮隶属鹳形目，属于鹮科。它是亚洲特产，被誉为"东方宝石"。由于朱鹮赖以生存的环境不断恶化，数量急剧减少，20世纪80年代初仅发现7只，濒于灭绝，目前只在秦岭洋县有种群存在。后来，由于加强了研究与保护，现已恢复到百余只。

朱鹮

银币朱鹮

"朱鹮"银币上是一只清逸而秀雅的朱鹮，如潇潇翠竹临水而立于山林野丛之间。在设计中，注重把握了它修长秀雅的体态、细长而向下弯曲的嘴巴、后枕部特有的柳叶形羽冠，虽无色彩点缀而无法凸显"朱鹮"自然形象的艳丽色彩，但通过贵金属雕刻手段把它身上的三大形象辩识点刻画得写实逼真。

（2）珍稀动物金银纪念币（第2组）

1989年，中国人民银行发行了珍稀动物金银纪念币（第2组），该套纪念币为8克金币1枚，27克银币2枚，共3枚。

华南虎

金币华南虎

华南虎金币

华南虎也称"中国虎",是中国特有的虎种,生活在中国中南部,原为中国分布最广、数量最多、体型较小但资格最老的一个虎种。由于20世纪50年代的大规模捕杀行动,使得野生华南虎的数量急遽下降,华南虎于1996年被国际自然保护联盟(IUCN)红皮书列为"濒危"级别、极度濒危的十大物种之一,一些学者甚至认为野生华南虎已经灭绝。

"华南虎"金币既展现了虎的威猛,又生动表现了华南虎特有的生理特点。设计者巧妙地选用了"悬崖虎啸图",绝壁悬崖,但见怪石嵯峨,深不见底,多看两眼便叫人心神恍惚,似乎便要随着崖顶狂风飘荡而下,然险极峻极,却更凸显了虎为"百兽之王"的勇猛形象。立于悬崖之巅的华南虎,虎形头圆、耳短、四肢粗大有力、尾长,与生活在中国南部地区现已濒临灭绝的华南虎特征完全相符;回首长啸,姿态无比威猛,虎啸山河,气势无可抵挡,让欣赏着这枚币的泉友能够强烈感受到那股自然的野性。

丹顶鹤银币

丹顶鹤,也叫仙鹤、白鹤、鷩鷜。丹顶鹤是鹤类中的一种,因头顶有红肉冠而得名,它是生活在沼泽或浅水地带的一种大型涉禽,常被人冠以"湿地之神"的美称。它是东亚地区所特有的鸟种,因体态优雅、颜色分明,在这一地区的文化中具有吉祥、忠贞、长寿的寓意。中国国家林

丹顶鹤

银币丹顶鹤

业局曾经把丹顶鹤作为唯一的国鸟候选鸟上报国务院,可见它在中国人心目中的地位。

银币上一只丹顶鹤站立在水草地中,体态秀逸,雍容华贵,性情幽娴,昂首阔步,显出一副既骄矜又潇洒的神气,又宛如潇洒出尘、放浪形骸的仙人,不愧"仙禽"之美名。鉴赏这枚银币,岸边的水草暗吐绿,近观丹顶鹤,只见它颈部细长,亭亭玉立,翘首企望的时候神态自得,随时准备着展翅飞舞,观币之余耳边似乎还回荡着声声响亮的鹤鸣,"鹤鸣于九皋,声闻于野",回归自然之感油然而生。丹顶鹤在中国传统文化中被视为长寿、成仙的象征。而在现实世界中,丹顶鹤受保护的程度仅次于大熊猫,也被认为最具有中国色彩的野生珍稀动物之一。这枚纪念币在刻画"丹顶鹤"的形象时,更贴近于真实自然的纯生态表现。

梅花鹿银币

梅花鹿是国家一级重点保护野生动物,由于夏天的毛呈红棕色,其中杂有显著的白

色斑点，形似梅花，故名梅花鹿。历史上捕捉猎杀过度，野生数量极少，现在人工养殖种群己达数十万只。现在最知名的"梅花鹿"应属2011年台湾地区赠送给祖国大陆的一对台湾亚

梅花鹿

银币梅花鹿

种梅花鹿，公鹿繁星，母鹿点点。两岸同根同源，借助珍稀野生动物，不仅表达两岸在珍稀动物保护方面的携手努力，也传达着美好和平的共同愿景。

银币描绘的是"梅花鹿"一家幸福生活的场景。公鹿头部略狭长，鼻端裸露，威风凛凛巡视着领地；母鹿一对硕大有力的鹿角十分醒目，一双鹿眼炯炯有神，慈眉善目，低头深情亲舔一头出生不久的幼鹿；鹿仔则温顺地依偎在妈妈身边。洋溢在这一家三口之间的温暖亲情让每一位观赏者赞叹、感动。

（3）珍稀动物金银纪念币（第3组）

羚牛

金币羚牛

羚牛金币

珍稀动物（第3组）之"羚牛"金币，羚牛是一种形态上界于牛和羊之间的大型珍稀动物，它们主要分布在我国秦岭一带。羚牛平日里性情比较温和，但发怒时来，可以轻易撞断茶缸粗的树。羚牛是著名的"秦岭四宝"之一，属于世界级珍稀动物。

羚牛喜欢群居生活，常常十多只一起活动，由一只成年雄羚牛率领压阵，小羚牛往往紧贴在父母身后跟随前进。"羚牛"金币既展现了羚牛外形特点，又生动表现了羚牛特有的生活习性，成年与幼年两只羚牛依偎在画面里。成年羚牛体形粗壮如牛，如同一头小水牛，而尾巴细短，又像羚羊，它生有一对似牛的角，角从头部长出后突然翻转向外侧伸出，然后折向后方，角尖向内，呈扭曲状，警惕地站在幼年羚牛边上为它瞭望放哨。小羚牛紧紧依偎在它的身边，在它们身下是一片临水的茂密水草，体现了羚牛以草和多汁植物为食的生活习性。高原"六不像"生动地站在我们面前。

白鹳银币

白鹳，又名东方白鹳，是中国一级保护动物，被列入濒危野生动植物种国际贸易公约附录。它栖息于开阔平原、森林草原的河湖池沼的滩涂地。白鹳体形修长，体长约1200毫米，翅长600毫米以上；嘴长而直，可达210毫米；除繁殖期成对外，其他季节成群活动，性宁静而机警。由于人口密集和工农业的发展，使得在我国东北黑龙江、吉

林两省残存的繁殖地变得极为狭小，总数仅有3000只左右。

银币上的白鹳作飞翔状，极其优美，果然有"白衣骑士"的风度。一群白鹳逐水而居，其中一只单腿立在水草上嬉戏，另一只飞翔在天空，一只正作飞行状的白鹳颈部被重点刻画，只见它的颈部向前伸直，腿、脚则伸到尾羽的后面，尾羽展开呈扇状，姿态轻快而优美，宛如绅士。它优雅的体型，飘逸的飞姿，让人陶醉。

白鹳

银币白鹳

雪豹银币

雪豹

银币雪豹

雪豹体形似豹，是猫科动物中最美丽的一种，它是典型的高山动物，终年栖息在雪线附近。冬季栖息于海拔2000～3500米的高度，夏季则移往6000米以上的高山峻岭，也就是雪线以上，所以称为"雪豹"。它从不到低山的丛林或草原，生活环境多为空旷多岩石的地方，性凶猛，行动机灵，善于急速跳跃，捕杀时以猫科动物特有的伏击式猎杀为主，辅以短距离快速追杀。世界上仅存4000～7000只野生雪豹，它们全部生活在海拔4000米以上的高原地区。

银币上的"雪豹"站在海拔数千米山峰的峭壁边上，寒风凛冽，新一轮白雪刚下了薄薄一层。雪豹缓缓地移动着长有利爪和厚垫的脚掌，仿佛融雪滑落峭壁般悄无声息，它以非常优美的姿势回首眺望，最醒目的是它的尾巴，几乎与身体等长。当它在峭壁上追逐跳跃时，尾巴甩动保持平衡，让它能在岩石峭壁间行走自如。一位著名的野生动物摄影家说："追踪雪豹的足迹，可以了解人类的极限，因为人类真的很难跟上它们，雪豹是世界上最难用镜头捕捉到的野生珍稀动物之一。"没办法在现实生活中欣赏它的优美矫健姿态，收藏一枚纪念币也算弥补了遗憾。

（4）珍稀动物金银纪念币（第4组）

大熊猫金币

长期以来，熊猫的形象不但活跃在各类艺术形式的作品中，还通过交往，给世界各国人民留下了难以磨灭的印象，被公认为全世界知名度最高、最受世界友人喜爱的野生珍稀动物。世界野生动物基金会选用熊猫来作为该会的会徽，昭示了熊猫的特殊地位。

人们对熊猫的形象太过熟悉，要在纪念币中把熊猫生动传神地表现出来，难度颇高。"大熊猫"金币的设计者在注重真实生动的基础上，最大限度地表现出了熊猫的审美形象。中国人自古以来对松树就有着深厚的情意，歌以赞松，

大熊猫

金币大熊猫

诗以咏松，画以绘松，文以记松。凌风知劲节，负雪见贞心，松树不随时令变，永留绿色在人间。青松代表着中华民族的民族精神，也被称为"植物界中的大熊猫"。金币出人意表地将大熊猫与松结合，生性活泼好动的大熊猫拖着笨拙的身体，调皮地爬上松树，坐在树干上悠然自得地啃着竹枝。大熊猫体态丰满，四肢粗壮，憨态可掬，在他的身边还有一丛青翠的嫩竹，安逸幸福生活的样子让人忍俊不禁。

棕熊纪念银币

棕熊

银币棕熊

棕熊，别名"马熊"，全身呈棕褐色或褐烟黄色，栖息于高山草原、森林灌丛中。由于熊胆是名贵中药，熊掌尤为珍贵，是菜肴中的珍品，皮可做褥垫等，因此其全身都是宝。再加上人们在很长一段时间把棕熊作为害兽加以捕杀，数量急剧减少。现已被列入国家二级保护动物。

"棕熊"银币是珍稀动物系列金银纪念币中唯一一枚大规格5盎司币，由于幅面比较开阔，纪念币也显得很大气。银币上塑造了一对母子棕熊行走在崇山峻岭之间的画面。远山氤氲，云雾缭绕，近处草长树深；母棕熊走在前面，看上去体形庞大笨重，头宽，吻尖长，颈粗壮，耳壳圆，行走时粗壮的臀部高高抬起，很符合成年棕熊在野外生存的实况；小棕熊紧紧跟随在后面，看上去体态较纤细，显得更加可爱。科学家研究发现，在野外遇到带着小棕熊的母棕熊是非常危险的，因为非常容易引起母棕熊怀疑而发起主动攻击。可见在自然界中亲情同样也是博大无私的。

野骆驼纪念银币

野骆驼是国家一级重点保护动物，也是罗布泊地区唯一的大型动物，堪称该地区的形象使者。近几年，随着罗布泊地区的开发和开放，野骆驼的水源、食物等生存资源再次受到影响。中国的野骆驼不过千峰，数量比大熊猫还要少，为此国际自然与自然保护联盟早已将其订为V级易危种，载入红皮书。

野骆驼

银币野骆驼

野骆驼银币上是一头典型的成年公野生双峰骆驼，体型精瘦健壮，四肢细长稳健。头部稍长，鼻孔较大，胸部较宽，尤其是那一对双峰小而尖，呈锥形直立，正在沙漠中迤俪行走。野骆驼素有沙漠苦行僧之称，它们太可怜、太弱小了，狼、狐狸、熊都是它们的天敌，希望更多的人可以通过这枚银币真正认识和了解这稀世且濒临灭绝的动物。

麋鹿纪念银币

麋鹿俗称"四不像"，是我国特有的世界珍稀动物。一直到3000多年前，神州大地上还能够看到成群的麋鹿。此后由于滥捕滥杀，麋鹿野生种群在150多年前绝迹，而豢养在清朝皇家猎苑中的最后一批麋鹿也被八国联军洗劫一空。26

麋鹿

银币麋鹿

年前，39头麋鹿从英国千里迢迢回到了自己的故乡，回到了江苏大丰麋鹿国家级自然保护区。麋鹿属国家一级保护动物，曾是"极危级"物种，但经过中国政府的抢救性保护，麋鹿目前已经正式走出濒危动物名录"红皮书"，从濒危动物降级为珍稀动物，这是中国动物保护事业发展的一个重要标志。

银币上的"麋鹿"其角似鹿非鹿，颈似骆驼非骆驼，蹄似牛非牛，尾似驴非驴，很形象地映衬了"四不像"之名，银币刻画的是一头成年公麋鹿。在他脚下是一片生长在沼泽地上的茂密水草，很符合麋鹿在自然界的栖息环境。麋鹿迄今已有300万年的生命历史，自古被誉为吉祥之物，传说中姜子牙姜太公的座骑就是他。虽然由于自然环境的变迁，人类社会的动荡，麋鹿曾经一度濒临灭绝，但随着国家的强盛，麋鹿也得到了新生。

每一个地方都是神山圣湖，每一个大自然的生命都是国宝，珍稀动物是大自然和我们的祖先赐予我们最珍贵的礼物，他们是人类永远的朋友，我们有责任保护它们，使它们在自己的栖息地里自由、安宁地生活繁衍。

3. 中国珍禽鸟类动物系列金银纪念币欣赏

（1）珍禽天堂鸟金银纪念币（第1组）

"中国珍禽系列（天堂鸟）纪念银币"发行于1999年，为1盎司精制彩色银币，由

天堂鸟

彩银币天堂鸟

瑞士铸造。

天堂鸟，又名极乐鸟，盛产在巴布亚新几内亚。极乐鸟爱顶风飞行，所以又称风鸟，是世界上最著名的观赏鸟，传入中国后，由于它的大多数种类雄鸟有特殊饰羽和彩色鲜艳的羽毛，也有一些人以花名"鹤望兰"称呼"天堂鸟"。"中国珍禽系列（天堂鸟）纪念银币"将中国的国花牡丹与天堂鸟相配，组成一幅鸟语花香的"国色天香图"。

鸟类是人类的朋友，是自然界生态平衡的捍卫者，把珍禽与名贵花草柔美地融合在贵金属纪念币上，不失为一种对自然保护的别致有趣的传播形式，意义深远。

（2）珍禽戴胜鸟金银纪念币（第2组）

"中国珍禽系列（戴胜鸟）彩色金银纪念币"发行于2000年，为1/4盎司精制彩色金币与1盎司精制彩色银币，由国内设计师设计，瑞士雕刻铸造。

戴胜鸟，其名更有来历。正月初七为"人日"，是日人们剪彩为"华胜"戴于头。而这种鸟头上有羽冠，如人戴胜，故名"戴胜鸟"。

戴胜鸟是罕见的国家一级保护动物，也是以色列

戴胜鸟

的国花。唐代诗人贾岛曾题诗赞颂："星点花冠道士衣，紫阳宫女化身飞。能传世上春消息，若到蓬山莫放归。"无论是在东方还是西方，戴胜鸟都是吉祥、平安的象征。"中国珍禽系列（戴胜鸟）彩色金银纪念币"将戴胜鸟与清新淡雅的玉兰花为配，呈现出高贵典雅、幸福平安的氛围。

中国的名花异草、珍禽异兽，种类繁多不胜枚举，选择"天堂鸟与牡丹"、"戴胜鸟与广玉兰"有它一定的道理。一来，天堂鸟与戴胜鸟是世界上最著名的观赏鸟，无论是在东方还是在西方均被寄予了美好幸福的涵义，因此以它们为题材，在理解其内涵深意上不存在任何障碍。二来牡丹花大色艳，层

彩色金银币戴胜鸟

层叠叠，具有雍容华贵的丰腴之美，传达出磅礴的春天气势，是盛世精神的最好象征和载体；广玉兰清新淡雅、幽香纯洁，秉性耐寒，在中国的传统文化中是文人追求气节风

骨的象征。这两种世界知名的珍禽与中国最具有寓意的名花结合，极大地提高了珍禽本身的意象程度和情趣浓度。将中国人追求圆满大气的精神和高洁淡远的情怀投入"天堂鸟与牡丹"、"戴胜鸟与广玉兰"意象的时候，他们被赋予了丰富的人格意趣和道德内涵，反映了中国人的审美情趣。而西方人对于天堂鸟和戴胜鸟的熟悉认知，有助于他们进入东方文化语境中来体会中国人的审美情趣。这也就不难理解为什么"中国珍禽系列纪念币"没有选择凤凰或苍鹰等我们更熟悉的珍禽了。

"中国珍禽系列纪念金银币"是一套在东西方共有语境下都能理解无碍的纪念币。虽然全套仅一枚金币两枚银币，但画面密而不杂、繁而不乱，色彩和谐，清新雅致，世界珍禽与中国名花递相辉映，可悦之甚也。这不仅是一种高明的创作手法，而且也能产生巨大的艺术意象的辐射力，将中华民族的审美图腾放之于四海。

第11节　中国北京国际钱币博览会纪念币

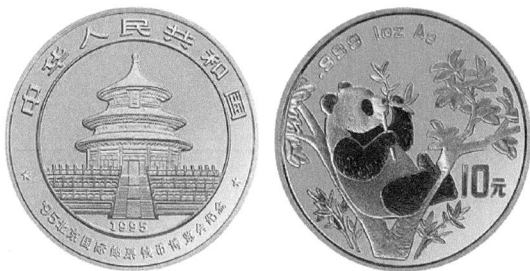

1995北京国际邮票钱币博览会纪念银币

1995年，中国金币总公司和中国集邮总公司在北京中国国际贸易中心举办了第一届国际邮票钱币博览会，从此中国成为世界主要国际钱币博览会主办国之一。中国人民银行批准中国金币总公司用当年发行的"熊猫休闲图"银币加铸"95北京国际邮票钱币博览会纪念"字样发行第一枚博览会纪念银币。自此，每年的国际钱币博览会均以熊猫银币加字的形式发行纪念币，成为惯例。从2007年起，钱币博览会纪念银币打破了这个惯例，设计了全新概念的图案，币面采用中外各国不同时期的钱币为主要图案，包含了极其丰富的文化内涵，自成一个独立系列。

1. 世界主要国际钱币博览会主办国

国际上钱币行业比较发达的国家和地区，每年都定期或不定期地举办各种规模的钱币展销活动，现按照时间顺序，对世界上主要的国际钱币展销会作一简要介绍。

巴塞尔国际钱币展销会

巴塞尔国际钱币博览会（World Money Fair Basel）固定在每年1月底或2月初举行，是欧洲地区规模最大，也是世界上每年举办时间最早的国际钱币展销会。该博览会于1976年首次举办，最初10年以收藏者之间的钱币交换活动为主。1981年，加拿大皇家造币厂作为官方造币机构首次参展，为博览会的发展开了一个好头，使之由交换会、交易会逐渐演变成博览会，至今已发展成名副其实的世界钱币盛会。

巴赛尔国际钱币博览会最引人注目的是久负盛名的国际造币论坛，包括造币技术论坛及媒体论坛。各造币厂纷纷利用这两个平台展示各自在铸币方面的新技术、新工艺，发布推广当年的最新纪念币发行项目。从2006年起，该博览会移师柏林，与柏林钱币博览合而为一。

新加坡国际钱币展销会

新加坡国际钱币展销会（Singapore International Coin Show）于每年3月上旬在新加坡举办。该展销会已举办23届，由新加坡泰星国际展览有限公司主办。国际上，特别是亚太地区主要的造币厂、较大的钱币经销商及收藏者都参加该展销会，展销会同时举办新加坡收藏展、钱币拍卖会和造币厂新闻发布会。

东京国际钱币展销会

东京国际钱币展销会（Tokyo International Coin Convention）于每年5月初在日本东京举办。该展销会已举办20届，由日本钱币经销商协会主办，日本大藏省造币局和印制局协办。国际上，特别是亚洲地区一些较大的造币厂和钱币商参展。

美国国际钱币展销会

美国国际钱币展销会（ANA World's Fair of Money）是世界上历史最悠久、规模最大、最具影响力的国际钱币展销会。该展销会由美国钱币协会（American Numismatic Association, ANA）主办，从1891年以来已举办118届，每届分别在美国各大城市轮流举办，世界各地主要国家的造币厂和钱币经销商均参加该展销会。展销会举行新闻发布会等活动。美国钱币协会会员单位在展销会上的交易活动十分活跃成为展销会的主要特点。另外，美国克劳斯（Krause）杂志每年配合展销会评选出十余项较有权威性的世界最佳钱币奖项。

香港国际钱币展销会

香港国际钱币展销会（Hong Kong International Coin Convention）是亚洲地区中等规模的国际钱币展销活动，于每年8月底、9月初在香港举办。该展销会由香港泰星钱钞有限公司主办（其中1997、1998、1999年展销会由该公司和中国金币总公司在港分支机构中国长城硬币投资有限公司联合举办）。展销会始于1980年，已举办10余届，展销会同时举办香港钱币拍卖会。

北京国际钱币博览会

北京国际钱币博览会（Beijing International Coin Exposition）自1995年首次在北京举办以来，现已成为亚太地区有一定规模和影响的大型专业国际钱币展销活动。博览会于每年秋季由中国金币总公司、中国印钞造币总公司、中国钱币博物馆联合举办。其中每两年与中国集邮总公司联合举办为国际邮票钱币博览会，世界主要国家的造币厂和钱币经销商均参加。

2. 北京国际钱币博览会纪念银币欣赏

（1）2007北京国际钱币博览会纪念银币欣赏

2007年北京国际钱币博览会纪念银币正面图案为象征钱币、地球的点线装饰与北京国际钱币博览会会标，并刊国名、年号；背面图案为中国春秋时期布币与古希腊钱币图案，衬以方孔制钱造型，并刊"北京国际钱币博览会"中英文字样及面额。这是中国首枚以国际钱币博览会为主题单独立项、设计、发行的贵金属纪念币。

2007北京国际钱币博览会纪念银币

背面图案中的左边为古希腊钱币图，它是古希腊雅典发行的最著名的猫头鹰银币，一面为雅典娜女神头像，另一面为猫头鹰。在古希腊神话中，雅典娜是智慧女神，猫头鹰是她的守护鸟，是智慧的象征，古希腊钱币在一个层面表现了盛极一时的古希腊文化。背面图案右边为春秋时期最常使用的布币，布币的产生和使用反映了奴隶制的瓦解和封建制的萌芽，封建经济的发展壮大为今后列国兼并和秦国统一奠定了基础。

该币的背面图案将东西方古代钱币组合在一起，它不仅融东西方钱币文化于一体，还充分反映了钱币文化的国际性、多样性，同时又形象地揭示了东西方钱币文化的两个源头，从它们那里揭开了世界钱币文化的历史长卷。进而还可以引发鉴赏者、收藏者在充满遐想的乐趣中，去进一步遨游、追求和探索钱币的历史。

（2）2008北京国际邮票钱币博览会纪念银币欣赏

银币的正面图案为象征钱币的点和装饰线与北京国际邮票钱币博览会会标组合设计图，并刊国名、年号。延续了2007年的设计风格。

2008北京国际邮票钱币博览会纪念银币

背面图案所展现的是中西文化的交流与融合，呼应了"开放交流"的主题。画面中出现"秦半两"古钱币形象，"以秦法同天下之法，以秦币同天下之币"。秦始皇统一六国，以"秦半两"作为统一的货币，实现了全国钱币形制的第一次统一，并一直沿用了两千多年，至民国初年结束。图案还沿用了"半两钱"方孔圆形的定型，用至今篆书"半两"二字透露出浓重的秦风古意，一枚仿古钱币展示在眼前。作为是国际钱币博览会主题的纪念币，设计者又在画面中融入了古罗马钱币的文化要素。在古罗马的传说中，罗马人的祖先是战神的儿子，喝着狼奶长大，因此狼也被视为罗马的象征，钱币方孔右侧正汲取了这一文化精髓，体现着古罗马人对于狼的神化崇拜，向我们展示着以古罗马时代为精神源泉的西方文化思想。

本枚纪念币将秦代钱币和古罗马钱币组合设计，反映了东西方古文化的对比、展示、传承和交流。

（3）2009北京国际钱币博览会纪念银币欣赏

2009北京国际钱币博览会纪念银币正面图案为象征钱币、地球的点线装饰图案与

2009北京国际钱币
博览会纪念银币

2009年北京国际钱币博览会会标组合设计，并刊国名、年号；背面图案为中国"汉五铢"与萨珊王朝钱币图案对应设计，衬以方孔圆钱造型，并刊"北京国际钱币博览会"中英文字样及面额。正面的方孔造型内，镌刻了以中国古币和中国书法意韵为创意的会标图案，体现了中国钱币文化的精髓；而背面图案则将两枚中外古币局部交叠布局，使萨珊国王头像与汉代五铢的"五"字相互呼应，形成大与小、繁与简的对比映衬关系，增强了视觉效果和审美趣味。

五铢钱初铸于汉武帝元狩五年（公元前118年），废止于唐武德四年（621年），是我国历史上数量最多、流通时间最长的货币，有铜、铁、铅、金、银等不同质地。钱文为"五铢"小篆，枚重五铢，形制规整，重量标准，铸造精良，在我国5000年货币发展史上占有重要地位。

萨珊王朝是波斯帝国（古称安息）最后一个王期（相当于中国的魏晋南北朝至初唐时期），其钱币以银质为主，圆形、无孔，钱的正背两面都有花纹，正面多为国王的半身像，头戴王冠，富丽繁缛。据媒体报道，我国的新疆吐鲁番，以及西宁、西安、太原、洛阳，乃至广东英德等地，都陆续发现了萨珊王朝银币。那么，这些银币又是如何流入中国的？原来，公元前119年，张骞奉汉武帝之命，率领大队人马，携带大量金币、丝绸和1万多头牛羊，第二次出使西域，并遣副使抵达安息（今伊朗），开通了横贯欧亚大陆的交通线——丝绸之路。从此，两国商民友好往来，世代相传。据《魏书》记载，当时波斯使臣来中国交聘达数十次之多，还给北魏皇帝带来了驯象、奇珍异宝等礼品。唐初，由于唐太宗坚持对外开放，波斯和中国互派使臣，经贸交流十分频繁，波斯商人的足迹遍及中国各地。丝绸、瓷器、纸张等中国商品源源不绝地运往波斯；而波斯的宝石、玛瑙、药材及音乐、舞蹈等文化艺术也在中国成为时尚。萨珊王朝银币沿着丝绸之路进入中国的历史，谱写了世界钱币史上灿烂的篇章。

当我们在欣赏"2009年北京国际钱币博览会纪念银币"的时候，古丝绸路上远去的驼铃声，已融入了中国现代贵金属纪念币恢宏、壮美的交响诗之中，余音悠悠，传之千秋。

（4）2010北京国际邮票钱币博览会纪念银币欣赏

2010北京国际邮票钱币博览会纪念银币，作为中国人民银行以国际钱币博览会为主题单独立项发行的第四枚贵金属纪念币，延续了以钱币为载体的文明对话。这枚银币的图案为中国唐代钱币与阿拉伯阿巴斯王朝钱币图案对应设计，衬以方孔圆钱造型，并刊"北京国际邮票钱币博览会"中英文字样及面额。

中华文明和阿拉伯伊斯兰文明都是世界上有着重要影响的灿烂古老文明，历史上两大文明曾经相互交流，交相辉映，为

2010北京国际邮票钱币
博览会纪念银币

促进全人类文明的发展做出了卓越贡献，两大文明的交汇与对话在2010北京国际邮票钱币博览会银币上延续。

开元通宝，不仅是整个唐代的主要流通币，而且成为唐代以后一千多年的铜钱楷模，以至影响了中国千年来钱币的形制、钱文模式和十进位衡法，在中华文明的钱币发展史上占有重要地位，是中华货币文化和文明的象征。

而伊斯兰古钱币与中国古代钱币分属两个完全不同的钱币系统，其大多为圆形无孔，压膜冲制，多为金银币，铜币较少。其中最具有历史代表性的当然是从公元750年取代倭马亚时代开始到公元1258年被蒙古人攻陷巴格达为止，历经约500年的阿巴斯王朝金币。这个王朝的金币均两面压印库菲角形体的阿拉伯铭文，金币正面中央及边缘一般印有"安拉之外无神，它是独一无偶的。穆罕默德是安拉的使者。安拉以中正的道和真理的教遣派了他，必定使他战胜了其他一切宗教"等铭文。阿巴斯王朝于公元762年建都巴格达后，也将巴格达发展成当时世界上最大的都市之一，百货荟集，万商云聚，欣欣向荣，可与当时繁华的中国唐代长安相媲美。

两大辉煌灿烂、影响人类发展进程的伟大文明，通过两枚古钱币，奇妙地融合在一起，在2010北京国际钱币博览会纪念银币上，互相呼应，互相述说。

（5）2011北京国际钱币博览会纪念银币欣赏

2011北京国际钱币博览会
纪念银币

2011北京国际钱币博览会纪念银币，作为中国人民银行以国际钱币博览会为主题单独立项发行的第五枚贵金属纪念币，再次延续了以钱币为载体的文明对话。这枚银币的图案为中国宋代钱币与拜占庭帝国希拉克略王朝钱币图案对应设计，衬以方孔圆钱造型，并刊"北京国际邮票钱币博览会"中英文字样及面额。

中华文明和古罗马文明都是世界上有着重要影响的灿烂古老文明，历史上两大文明曾经相互交流，交相辉映，为促进全人类文明的发展做出了卓越贡献，两大文明的交汇与对话在2011年北京国际钱币博览会银币再次延续。

代表东方文明的是北宋钱币——大观通宝。大观通宝在中国古代钱币史上拥有很独特的价值，北宋第八代皇帝宋徽宗能书善画，他开创的"玉划银勾"瘦金体，独具一格，大观通宝采用的就是宋徽宗瘦金体书法。这在中国货币发展史上是一个首创，其铸造工艺与书法价值也列在宋朝钱币之首。钱币上的文字还有草体、隶体、篆体等，多数出自帝王、名家之手。北宋钱币在中华钱币发展史上占有重要地位，是中华货币文化和文明的象征。

银币上大观通宝的"通"字被藏匿于背后，上面覆盖了代表西方文明的"拜占庭希拉克略王朝"索利多金币的图案，画面表现的是耶稣基督像。公元610年，希拉克略父子攻占君士坦丁堡，年轻的希拉克略一世即位，开创了希拉克略王朝。希拉克略一世是拜占庭诸帝中最伟大的一位，为了抵御外敌，他大胆革新，实行平时为民、战时为兵、军政合一的制度，与当时强大的伊斯兰帝国展开了轰轰烈烈的较量。

北宋是中华文化登峰造极的时代，无论书法、诗词、易学还是印刷，都在这个时代达到了顶峰。大观通宝无疑代表了北宋钱文的最高境界。而在欧洲漫长的中世纪中，拜占庭是希腊罗马文化最璀璨的明珠和前沿，它对欧洲文艺复兴和近现代欧洲文化的影响巨大。北宋的"大观通宝"和拜占庭希拉克略王朝"索利多金币"，是东西方最具有代表性的古钱币精品，代表着东西方文化在那个历史时期的文化最高峰。

东西方的伟大文明，通过两枚古钱币再次奇妙地融合在一起，在2011北京国际钱币博览会纪念银币上，它们相遇，它们述说。

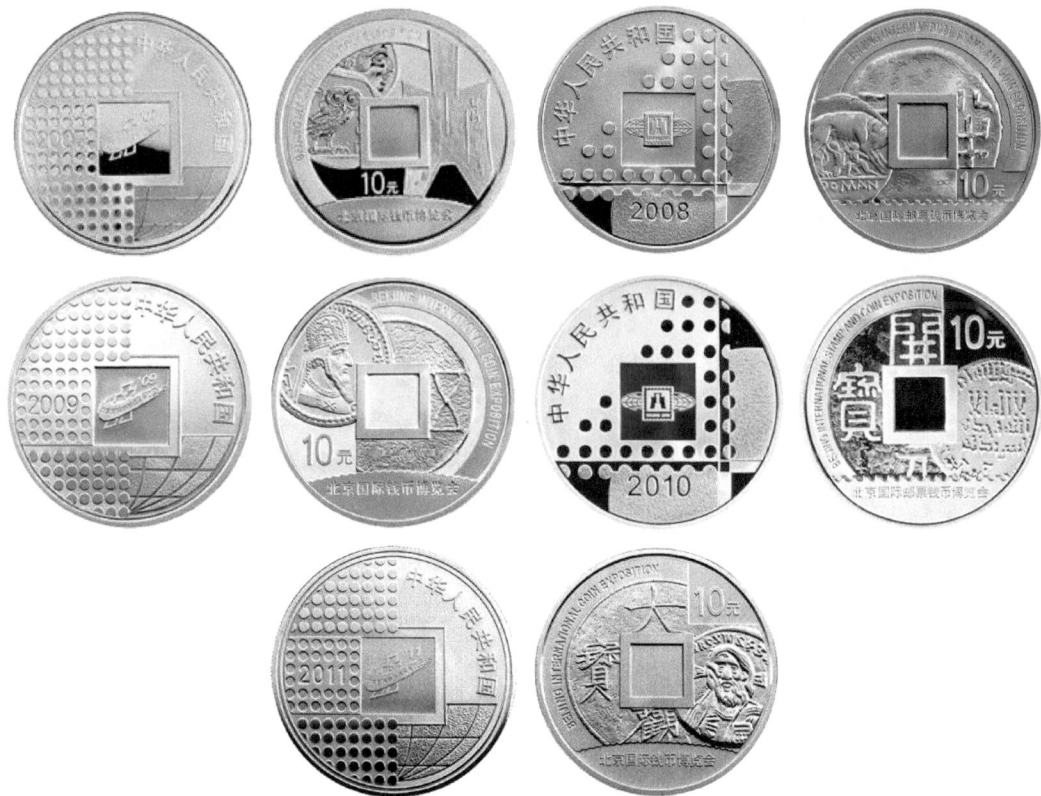

2007—2011年北京国际钱币博览会纪念银币正背面图案欣赏

第12节　中国航空航天发展金银纪念币

中国航空航天事业是在20世纪50年代中期开始的。在1960年2月成功发射第一枚探空试验火箭起，先后又发射成功第一枚自制的运载火箭，在20世纪60年代后期又研制

中国第一颗人造地球卫星"东方红"

成功中远程运载火箭，为中国航空航天事业的发展奠定了基础。之后开始研制和发射人造地球卫星的空间计划，于1970年4月发射成功中国第一颗人造地球卫星"东方红"1号；1975年11月首次发射成功返回型人造地球卫星；1981年9月首次采用大型运载火箭把卫星送入地球轨道；1992年起开始发展实施载人航天工程，从1999年神舟一号飞船上天到神舟二号各种技术状态与真正载人时一样，从神舟三号装载形体假人升空到神舟四号载人航天所涉及的各系统全面启动，2003年10月神州5号载人飞船发射成功，标志了中国高科技领域的又一座光辉里程碑。

从神舟五号"一人一天"、神舟六号"两人多天"航天飞行到神舟七号航天员出舱活动；从神舟八号无人飞船与"天宫一号"目标飞行器进行空间交会对接成功，到神舟九号载人飞船实施与"天宫一号"目标飞行器进行空间交会自动手动对接成功并圆满返回。中国载人航天工程在不长的20年间实现了9次重大突破。这是我国改革开放和社会主义现代化建设的伟大成就，是中国人民自强不息、自主创新的辉煌篇章，是中华民族伟大复兴征程上的一首壮丽凯歌。

1. 中国航天工业创建40周年纪念银币欣赏

1956年10月，中国第一个火箭研究机构——国防部第五研究院正式成立，标志着中国航天事业从此诞生。1996年，中国人民银行特发行"中国航天工业创建40周年"纪念银币一套。该套银币共两枚，正面图案由巍峨的长城和闪烁光芒的五星国徽组成，并刊国名及发行年号；背面图案分别为火箭和人造卫星。

银币正面图案

要发展航天事业，研发火箭是第一步。中国的现代火箭工业于1958年开始起步，先后研制并成功发射了"东方-1号"

银币火箭

火箭和"北京二号"火箭。它们的"惊世问天"揭开了中国空间时代的历史帷幕，"火箭"银币的背面图案表现的就是它们的发射场面。碧蓝的天空，一望无际。操作员按下电钮，第一级火箭点火、起飞，伴随着巨响，火箭拖着几米长的火舌，直线上升，数十秒后，两级火箭分离，第一级火箭顺利落地，第二级火箭按设计的弹道，飞向一望无际的天空，飞行轨迹目视清晰，落角和姿态完全正确。观看"火箭"银币，感叹设计师手里的刻刀就像是一支富有灵性的画笔，它通过贵金属独有的形态、起伏、光线，在一个静态的空间里通过一级火箭、二级火箭的箭体、分离器、火焰等不同局部的组合，构成统一的动态视觉图像，将火箭发射应有的信息直观展现在观众面前，甚至还能精心营造火箭发射场面的气氛渲染，忍不住跟着一起倒数"十、九、八、七、六、五、四、三、二、一"。

中国卫星研制从20世纪50年代末期开始。当时在"自力更生为主，力争外援和利用资本主义国家已有的科学成果"方针的指引下，中国人造地球卫星计划在十分艰苦的条件下起步。终于在1970年4月，中国第一颗人造卫星"东方红一号"发射成功，"东方红"的音乐声响彻世界，中国成为了世界上第五个用自制火箭发射本国卫星的国家。

银币人造卫星

"人造卫星"纪念银币背面图案是"东方红一号"卫星与地球遥遥相望、自由翱翔于天际的浪漫画面。仔细观察币面，在"东方红一号"卫星下方设计了一个扩音喇叭，让我们仿佛还能听见从太空传来的"东方红"那熟悉而响亮的旋律，从那一天开始，中国人仰望太空，可以仔细地寻找着那一颗属于中国的卫星，脸上洋溢着中国人的光荣与自豪。

2. 中国首次载人航天飞行成功金银纪念币欣赏

2003年10月15日，带着中华民族五千年的飞天梦想，倾注着中华民族几代人科研心血的"神舟五号"飞船在酒泉卫星发射中心用"长征二号"运载火箭发射成功，将中国第一名航天员杨利伟成功送上太空并于第二天成功返回着陆，杨利伟自主出舱。中华民族千年来的飞天梦想变成了现实，这是我国进行的首次载人航天飞行，标志着中国载人航天工程取得历史性重大突破，中国成为世界上第三个能够独立开展载人航天活动的国家。

中国首位航天员杨利伟

为铭记这一振奋人心的历史时刻，中国人民银行于2003年12月发行了中国首次载人航天飞行成功金银纪念币一套。该套纪念币共2枚，其中1/3盎司金币1枚，发行量为3万枚，1盎司银币1枚，发行量为6万枚。

金银币正面图案

该套金银纪念币正背面图案相同。正面图案用太阳系的九大行星图作背景，以光彩夺目的太阳为中心，放射状排列着行星轨道，将曲线、圆形状、星形状错综交叠，用简练的图案线条抽象地总结了人类对于神秘太空的描绘。同时捕捉住太阳强烈闪耀的一瞬间，通过变形、夸张的手法，将其提炼出来，突出在太阳的中心位置，光芒的形态恰似一个放大的星形，与画面内部进行呼应，在行星的工艺上分别采用凹面雕刻和凸面雕

金银币杨利伟

刻加强的太空的视觉感受。

背面图案以"神舟五号"运行轨道作背景，用占币面的二分之一的尺寸，采用近景影写手法，逼真再现了我国第一位航天员杨利伟航天时的风采。人像采用彩色图片，增强了币面的美感，面庞洋溢着灿烂微笑，表达了中国人民崇尚和平、友好相处、服务世界的发展思想。右上方为遨游太空的神舟五号雄姿，其下方是呼啸而起的运载火箭腾空瞬间。整个图案将神舟五号载人飞船升空飞行成功的这一事件完美再现，也是当代中国金银币史上第一枚在世人物入币的金银币，是对中国首次载人航天飞行的最高祝贺与纪念。

该套金银纪念币中的金币，在"最受群众喜爱的2003年中国贵金属纪念币"评选活动中，荣膺"最受群众喜爱币"称号，表达了钱币爱好者和百姓的民族荣誉感和爱国情怀。

3. 中国探月首飞成功金银纪念币欣赏

2007年10月24日，中国在西昌卫星发射中心用"长征三号甲"运载火箭将"嫦娥一号"卫星成功送入太空。这是中国航天对月球展开探测的第一步，也是中国航天走向深空的第一步。

2007年11月26日，中国首颗绕月探测卫星"嫦娥一号"顺利进入月球轨道并传回月球三维影像，标志着我国首次月球探测工程取得圆满成功。

为纪念中国首次探月工程的圆满成功，中国人民银行于2007年11月28

探月卫星发射升空

卫星传回月面图像

日发行中国探月首飞成功金银纪念币一套。该套纪念币共2枚，其中1/3盎司金币和1盎司银币各1枚，发行量分别为2万枚和4万枚。

月球探测工程是中国航天领域重要的标志性工程，是继人造地球卫星、载人航天飞行取得成功之后我国航天事业发展的又一座里程碑。中国月球探测工程的首飞成功使我国跨入了世界上为数不多的具有深空探测能力国家的行列，是我国综合国力显著增强、自主创新能力和科技水平不断提高的重要体现，对提高我国国际地位、增强民族凝聚力具有非常重大的意义。

考虑到该套金银币发行题材的系列性，正面图案延用了2003年发行的"中国首次载人飞船发射成功金银纪念币"设计图案。

主题背面图案以我国探月卫星及月球和地球为主元素组合设计，币的左上角占三分

探月成功纪念金币

之一的画面为月球表面，与11月26日国家航天局正式公布嫦娥一号卫星传回的第一幅月面图像相符，增加了纪念币题材的真实性和权威性；右边是与月球遥相呼应的地球；下方是围绕月球旋转的探月卫星——嫦娥一号，整个设计主体形象突出。背景中还点缀着几颗小小的星星，增强了太空的空间感和图案的立体感。

　　该套纪念币在生产中采用了镜面和喷砂相结合的传统造币工艺。纪念币正面均采用镜面与均匀喷砂工艺，图案多层次喷砂，国名、年号做亮，主题表现恰当，风格简洁活泼。背面均采用底面镜面工艺，图案均匀喷砂，文字及面额喷砂，强调了币面造型的立体感，强化了图案中月球造型的凹凸感，突出了纪念币的主题。

4. 中国首次太空行走成功金银纪念币欣赏

　　2008年9月27日16时35分，神舟七号开始对太空敞开了她的胸怀。浩瀚太空豁然在眼前拉开——像一个从水中慢慢上浮的潜水员，中国航天员翟志刚头先脚后，出现在太空之中。从这一刻起，我们可以自豪地向世界宣布：中国已成为继美苏之后第三个漫步太空的国家。为纪念这一具有历史意义的重要时刻，中国人民银行发行"中国首次太空行走成功"金银纪念币一套，该套纪念币共2枚，其中1/3盎司金币和1盎司银币各1枚，发行量分别为3万枚和6万枚。

中国航天员首次太空行走

　　金银纪念币的正面图案继续采用2003年发行的"中国首次载人飞船发射成功金银纪念币"设计图案，保持该航天题材的系列性。

　　金银币的背面图案以金银材质的本色代表漆黑如墨的太空，映衬在太空中的地球呈现出一片蔚蓝，此时的飞船翱翔于大西洋的上空，身穿纯白"飞天"太空服的航天员翟志刚在失重状态下行

太空行走金银纪念币

走、转身、飘移，将中华民族的这一优美姿态留在了太空。

　　这套金银币的构图设计很具特点。一是宇航员身上的白色电脐带连接起纪念币右下

方的神舟七号轨道舱一角，身后蔚蓝色的地球缓缓旋转，用流畅曼妙的曲线来塑造失重状态的飘逸感觉。二是在首次太空行走的电视直播画面中，地球处于直播画面的正上方，但为了使宇航员和神舟七号的形象更突出、画面更富有美感，设计者做了一定的艺术加工，对位置进行了调整，把地球放到了画面的中央偏下位置，用宇航员的造型连接起太空和蔚蓝色地球。三是在雕刻地球造型时用的是相对平缓曲线，给人以怡静、沉稳、开阔的感受及一种舒展和延伸的稳定感，很符合地球作为我们人类家园的归属感——人类无论走得多远，地球始终是我们的家。四是当宇航员轻轻地在太空中滑行时，一个色彩斑斓的太空世界展示在我们面前：地球的湛蓝、海洋的浩瀚、神舟七号和宇航员造型的纯白，色彩的变化使这套"中国首次太空行走"金银纪念币显得如梦如幻。

　　太空，充满人类幻想和向往的地方，从现在开始，它已不仅仅是我们用高倍望远镜才能看到的地方，而是我们已经亲自到来，并印上中华民族的神圣脚印的地方。"天宫一号"飞行器已经成功发射，神舟九号载人飞船与"天宫一号"飞行器空间交会对接也圆满成功，中国将在不久的将来构建属于我们自己的"太空王国"。在这个时候，我们欣赏"中国首次太空行走成功"金银纪念币，不仅重温了太空中留下中国人第一步时的激动心情，也再次深刻感受到中华民族伟大的腾飞。

第3章作业练习题

1. 简答题

（1）金银纪念币的鉴赏价值体现在哪些方面？

（2）说出世界五大投资金币的名称。

（3）中国熊猫金币每年发行一组，其中标准的一套金币共几枚？重量分别是多少？

（4）简述中国熊猫金银纪念币制作工艺特点。

（5）中国熊猫金银纪念币获过哪些奖？

（6）中国首次铸造的大重量金币是什么品种？反映的主题是什么？

（7）简述中国熊猫金银纪念币背面图案的设计变化。

（8）简述中华人民共和国成立60周年金银纪念币背面图案的设计思想。

（9）简述第一轮彩色生肖金银纪念币的发行情况。

（10）简述新一轮彩色生肖金银纪念币的发行情况和设计特色。

（11）说出全套京剧艺术1/2盎司彩色纪念金币的名字。

（12）简述中国京剧脸谱艺术彩色金银纪念币的发行情况。

（13）说出一些我国珍稀动物的名字。

（14）说出世界主要国际钱币博览会的主办国。

（15）简述北京国际钱币博览会举办情况及纪念银币的特点。

（16）中国金银纪念币涉及科技发展的项目品种有哪些？

2. 名词解释

十二生肖——

甲子年——

四大名旦——

脸谱——

四大名著——

四大石窟——

四大国粹——

3. 课程综述实践题

　　通过了解和掌握中国金银纪念币三十余年的发展及对众多金银纪念币的欣赏，体验了中国历史的文明和文化的精深博大，体验了新中国的伟大建设过程，体验了中国改革开放的成果等丰富内涵。请从已发行的众多金银纪念币品种中，选择某一主题思想或某一系列的金银纪念币，完成课程案例综述。具体要求如下：

（1）该金银纪念币品种发行的基本情况（发行时间、技术规格及图案、发行量等）；

（2）该金银纪念币主题的思想内涵和文化内涵；

（3）该金银纪念币的设计艺术和欣赏。

第3章配图

文学名著《三国演义》金银纪念币（第1组）共11枚

文学名著《三国演义》金银纪念币（第2组）共7枚

文学名著《三国演义》金银纪念币（第3组）共7枚

文学名著《红楼梦》彩色金银纪念币（第1组）共6枚

文学名著《红楼梦》彩色金银纪念币（第2组）共6枚

文学名著《红楼梦》彩色金银纪念币（第3组）共6枚

文学名著《西游记》彩色金银纪念币（第1组）共5枚

文学名著《西游记》彩色金银纪念币（第2组）共5枚

文学名著《西游记》彩色金银纪念币（第3组）共6枚

文学名著《水浒传》彩色金银纪念币（第1组）共5枚

文学名著《水浒传》彩色金银纪念币（第2组）共5枚

文学名著《水浒传》彩色金银纪念币（第3组）共7枚

第**4**章

金银纪念币投资策略

本章知识点

◆ 对各种投资领域的了解

◆ 投资理念的概念

◆ 金银纪念币的投资策略

◆ 金银纪念币的投资优势

◆ 金银纪念币的投资实例

第1节　各类投资领域简介

随着经济的发展和生活水准的不断提高，投资与人们的生活联系越来越紧密，已经成为许多人生活的重要组成部分。根据经济学上的定义，投资是指牺牲或放弃现在可用于消费的价值以获取未来更大价值的一种经济活动。投资活动主体与范畴非常广泛，这里我们以个人投资来讨论投资理财行为。具体来说，个人投资的主要成分包括金融市场上买卖的各种资产，如债券、股票、基金、外汇、期货等，以及在实物市场上买卖的资产，如房地产、金银珠宝、邮票、金银纪念币、字画古玩等，当然也包括实业投资，如开公司、创企业、加盟连锁店等。

投资就是通过承担一定的风险，使自己现在所拥有的资产获得未来的增值。由于风险的存在，所以投资所获得的"未来增值"就有正负之分，也就是说有盈利和亏损之分。下面对常见的个人投资领域作一简介。

1. 股票投资

可以说，股票是现在最流行、最火爆的投资工具。大部分人围绕股票构建自己的投资理财规划，再结合其他投资工具建立投资组合。从短期来看，股票具有很大的风险，操作不好有可能血本无归，但从长期来看，股票的风险并不是很大。股票是股份有限公司在筹集资本时向出资人发行的股份凭证，代表着其持有者即股东对股份公司的所有权。股票可以通过买卖方式有偿转让，股东能通过股票转让收回其投资，但不能要求公司返还其出资。

人们可以通过一级市场和二级市场来进行股票的投资。一级市场主要是指新股发行，简称IPO。一级市场的收益来源于新股发行价和新股上市首日价之间的差价，正常情况下收益率在10%左右。二级市场的买进卖出，需要投资者的经验和操作水平，如果操作得当，那么带来的收益是相当可观的。有许多人因投资股票而富裕，世界首富巴菲特就是在股市上纵揽乾坤的典型。历史数据表明，股票的收益率在长期几乎不受通货膨胀率的影响，是一种出色的长期保值工具。要运用好这个工具，关键是掌握挑选股票的方法。股票也是一种高收益高风险的投资，因此投资者需要有良好的心理承受能力。其投资特征如下。

专业知识：★★

入门资金：★

普及程度：★★★★

风险系数：★★★

2. 房地产投资

房地产和股市两者一直扮演着中国主要投资渠道的角色。与其他投资方式相比，房子本身是具有使用性的，如果买了房子自己住，并不完全属于投资，人人都需要解决自己的住房问题，从这点来说房地产投资具有明显的优势。当今中国，房地产市场是人们密切关注的投资热点之一，除了具有较高的投资回报率和资产增值能力外，其地理位置是最能带来升值潜力的条件，地铁、大型商圈、交通枢纽、学校区域等地段的房产升值潜力就比较大。其投资特征如下。

专业知识：★

入门资金：★★★★

普及程度：★★★★

风险系数：★★

3. 保险理财

买保险主要是为了规避风险，即花少量的保险费，避免大的经济损失。这就像一把保护伞，能为未来提供一份保障。关于保险，香港首富李嘉诚有一句著名妙论："别人都说我很富有，拥有很多的财富，其实真正属于我个人的财富是给自己和亲人买了充足的人寿保险。"

无论穷人、富人，每个人心里都存有对未来的焦虑。要知道，任何保险都可免税（免征遗产税、所得税），且不必抵偿债务，任何单位和个人无权冻结。同时，保险可以最大程度地避免继承纠纷……由此，人们才可以理解李嘉诚将保险视为真正属于他个人财富的原因。保险的种类很多，包括个人保险、商务保险、财产保险、人身保险、责任保险、强制保险、社会保险与商业保险等。其投资特征如下。

专业知识：★★

入门资金：★

普及程度：★★★

风险系数：★

4. 黄金投资

黄金作为一种货币，具有不变质、易流通、保值、投资、储值等多种功能。当然，随着国际形势的多变，黄金的价格也会有变动，不过到任何时候，就算所有的纸币都不能花了，黄金仍可以充当货币。因此，黄金成为人们新的投资品种，尤其在不确定的经济、政治环境下，黄金作为"没有国界的货币"更是受到人们的青睐，成为一种永久、及时的投资方式。

中国的黄金投资主要分为纸黄金、实物黄金和黄金衍生品三种。具体来说，实物黄金也就是人们通常购买金条、金块，以作为长期投资；纸黄金，则是通过银行的个人记账式黄金交易；黄金衍生品主要是黄金现货延期交易和黄金期权交易。

黄金投资是非常适宜普通投资者的最具潜力的投资品种之一。其投资特征如下。

专业知识：★★

入门资金：★★

普及程度：★

风险系数：★

5. 外汇投资

外汇投资，是指对国际上不同货币之间进行兑换操作的行为，以期获得收益。外汇投资市场是全球交易量最大的投资市场，每天的交易额达到数万亿美元。与股票市场相比，外汇市场要复杂得多，它不仅需要时刻关注各个国家的各种经济统计数据，而且还要对不同货币之间的价格进行数学换算，甚至要应付不同时差下不同外汇交易市场的开盘时间。

外汇投资的主要特点有：可以做空、实行T+0机制、24小时交易、保证金制度和入市门槛低等。其投资特征如下。

专业知识：★★★★★

入门资金：★★

普及程度：★

风险系数：★★★

6. 商品期货

所谓期货，如其英文"Futures"（未来）所显示的意思，是指交易双方不必在买卖发生的初期就交收实货，而是共同约定在未来某一时候交收实货。比如在大豆收获前签订购买合约的共同约定，即属于商品期货的内容。

与股市不同的是，期货买卖的是合约。合约的内容则是承诺将来某天买进或卖出一定量的合约货物。在合约中，对交易商品的品种、数量、等级、交货时间皆有明确规定。

与股市不同，期货可以进行双向交易，即期货的买空和卖空。预期未来商品价格上涨，则可低买高卖；预期价格下跌，则高卖低补。两者都可以获得投资收益。

对于企业来讲，商品期货的功能主要是规避风险，即指借助套期保值交易方式，通过在期货和现货两个市场进行方向相反的交易，从而在期货和现货之间建立一种盈亏冲抵机制，以一个市场的盈利弥补另一个市场的亏损，实现锁定成本、稳定收益的目的。个人投资期货比投资股票具有更高的风险，相应地，投资回报也因强风险而增多。在某种意义上，期货可以让人一夜暴富，也可以使人瞬间一贫如洗。其投资特征如下。

专业知识：★★★★

入门资金：★★★★

普及程度：★

风险系数：★★★★★

7. 艺术品投资

艺术品已被公认为是继证券投资、房地产投资之后的第三大投资热点，越来越多的机构和个人关注艺术品的投资和收藏，从而获取更高的投资收益和增值。艺术品的核心价值在于其本身的内涵。对于投资者和收藏家而言，主要问题是如何了解艺术品市场前沿趋势信息、丰富艺术品鉴赏知识、提高鉴别真伪的能力、洞察艺术品的升值潜力、掌握先进的艺术品投资技巧等。如果收藏当代潜力艺术家的作品并当成一种投资，其长期的赢利率一般呈增长趋势。其投资特征如下。

专业知识：★★★★★

入门资金：★

普及程度：★★

风险系数：★★★

8. 特许加盟

近年，加盟特许经营燃起了广大中小投资者的创业激情。以房屋租赁中间为主的特许经营异常火爆。

北京、上海、广州等大中城市，各种房屋租赁公司雨后春笋般地成长起来。零点调查公司认为，房屋特许加盟受到青睐的原因主要有以下五个方面：一是大中城市的流动人口需要租房或买房；二是外地来城投资经营的企业需要租赁或购买生产和生活用品；三是外资企业需要在投资地租房或购房；四是因旧城改造而搬迁的家庭需要租房或房屋置换；五是占城市总人口5％的先富起来的人已买了第二套住房需要出租。从世界房地产格局看，发达国家每年二手房交易额占全部住房交易额的70％，而我国还不足20％。先头企业"我爱我家"至今经营不到两年，就发展了直营连锁店和加盟店100多家，业绩相当不错。

除了房屋特许加盟以外，还有餐饮特许加盟、洗衣特许加盟、医药特许加盟、酒店特许加盟等也广布各地。投资这些特许加盟店需要有一笔启动资金。根据加盟店的性质，费用在10万～100万元不等。其投资特征如下。

专业知识：★★★

入门资金：★★★★★

普及程度：★★

风险系数：★★

9. 金银币投资

近年来，中国当代金银纪念币的收藏形势越来越被人们看好，它作为一种极具投资价值的钱币收藏品，已为许多普通投资者所青睐。金银纪念币的投资价值主要体现在金银纪念币的几个特征上：金银币作为一种贵金属本身所具有的价值；金银币含有主题思想和特殊纪念意义；金银币发行数量小、铸造工艺精美、国际声誉高等。这些特征是其他一般收藏品所不完全具备的，从而决定了金银纪念币成为特殊收藏品所具有的特殊投资价值。

随着我国黄金交易所开放，作为投资工具的"熊猫"金币逐渐实行"挂牌回收"，加上商业银行也将介入"熊猫"金币的销售，带动了金银币行情向上。不论是国内还是国际，对中国金币的需求都加大。另外，国际黄金价格一直往上走，保持高位，从而也带动了金银币行情的大幅上涨。其投资特征如下。

专业知识：★★★

入门资金：★★

普及程度：★

风险系统：★

10. 古玩投资

盛世玩古玩。近年，各地古玩交易市场热闹非凡。最近有种说法是，中国古玩市场有极大发展空间，前景不可限量。其依据为：一是中国宏观经济走出持续7年的下降通道，进入一个新的经济增长点，因此具备良好的基础；二是统计数据表明，随着国民生活改善和文化素质的提高，涉足古玩的人与日俱增；三是中国古玩历史悠久、博大精深且能确保增值；四是各地相继建立许多古玩交易市场，古玩收藏拥有良好的渠道和基础；五是大量机构开始介入古玩，为古玩市场增添了新鲜血液。

一手进古玩、一手出古玩是古玩投资者的通常做法。一进一出，利润有时可达数倍。国家对古玩交易没有价格规定和限制，全凭买家对古玩的兴趣来出价和卖家肯不肯出手。其投资特征如下。

专业知识：★★★★★

入门资金：★★★

普及程度：★★★

风险系数：★★★★★

第2节　金银纪念币投资理念

投资理念是投资者的指导思想原则。正确的投资理念能够使投资者获得长期的、可持续的盈利，并使投资风险控制到最低状态；反之，错误的投资理念则可能只得到短期的盈利，最终将导致长期的亏损，风险控制也无从把握。要具备正确的投资理念，需要我们不断地学习和实践、积累丰富的经验、掌握专业知识、保持良好的精神状态。每个投资者都希望自己的投资理念是正确的，并且随着时间的推移，使自己的理念从较为低级的程度向更高层次跃进和发展。投资理念包括良好的投资方法，乐观的投资心态，勇于承认错误的勇气，敢于下定决心的魄力。

1. 当代中国金银纪念币的投资优势

作者通过近20年当代中国金银纪念币的收藏投资经历，从收藏市场的横向比较看，认为精选当代中国金银纪念币的一些品种能够基本上规避造假作伪的风险，保持良好的心态，走上良性发展的收藏增值投资之路。从对比的角度来看，收藏投资当代中国金银纪念币的优势有下列几点。

国家法定货币真假辨认容易

金银纪念币做为国家特种法定货币，由中国人民银行发行，具有国家信用。它采用贵金属铸造，标有规格、成色、面额、国号，配有中国人民银行鉴定证书作信誉保证，并标明发行量，以表明金银纪念币做为国家代表的庄严与价值。

市场价格透明

当代中国金银纪念币各品种的买卖行情可以在全国性的知名网站或金融钱币类报刊上了解看到。如中国金币网（www.chngc.net）、中国集币在线（www.jibi.net）、《中国金币》杂志及《钱币》报等，相关内容一目了然。在目前网络通讯发达的环境下，行情信息非常及时。或买或卖，虚高虚底、价位偏差较大的情况一般不会出现。这样的好处是有利于普通大众，尤其刚入门的收藏投资新手，通过实时关注，做到心中有数，可以有效避免暗箱操作、价格不透明的弊病。

投资收益稳健

收藏投资当代中国金银纪念币增值稳定，一般长线持有收益更大。作者从20世纪90年代开始至今，从开始本着兴趣爱好收藏金银纪念币，到后来的系列收藏，至现在的收藏与批量投资。许多品种年收益率在20%以上，如：1998年虎年生肖1/10盎司彩色金银套币、1999年京剧艺术1/2盎司彩色金币贵妃醉酒、2002生肖马年公斤银币、2010年虎年生肖5盎司银币、2010年京剧脸谱彩色金银套币及2012年中国熊猫金币发行30周年纪念银币等。

进入门槛较低

由于当代中国金银纪念币发行的品种和规格多样，投入的资金可多可少，适合各类收藏投资人群的介入。

存贮方便安全

金银币因其材质是贵金属，一般采用密封包裹，长期存放，一般不用担心霉变破碎、火烧、受损等。

2. 金银纪念币投资长线持有

"长线是金，短线是银"这句话是股海中的俗语，意思是操作股票选择价值投资要坚定信心长线持股，做短线则要灵活多变高抛低吸。但实际上在充满着高风险的证券市场里，熊长、牛短、艰难险恶，真正能获得高收益的人群比例低得可怜。在金银纪念币投资领域我们应该以长线持有的投资理念来进行投资操作。

我们应以喜好欣赏的心态去持有和选择投资金银纪念币，从而达到资产的保值增值。早期买入的金银纪念币均为"老精稀"精品，经过几年几十年的持有，升幅惊人，许多品种收益在数倍数十倍以上。近几年来金银纪念币逐渐为大众所知，参与者越来越多，金银纪念币除了贵金属的基本属性外，更蕴含着收藏鉴赏属性和丰富的文化内涵。金银纪念币因其国家法定货币地位，有国家信誉做保证。在收藏投资的过程中，主要风险就体现在价格波动上，需要投资者掌握一定的投资技巧和集藏知识，不要在意一时的涨跌，应以平和的心态，用"长线是金，短线是银"的投资理念去把握金银纪念币的投资。

3. 精心选择潜力品种

我国从1979年开始发行金银纪念币以来，已发行了2000多个品种。随着时间的推移，每年都会增加新的品种，收藏投资金银纪念币，首先要学会如何选择好的币、好的品种，尤其对大多数金银币收藏投资新手来说，选择好的币品是进入金银纪念币收藏投资的第一道门槛。币品种的优劣可以从下列几个方面来进行考察，并作综合评估。

发行数量偏小

"物以稀为贵"是收藏的基本法则，发行量是决定其投资价值的最根本因素，发行量越小，升值潜力越大，投资价值越高。发行量没有绝对标准。早年发行的金银币，金币在数百枚，银币在数千枚算是较小发行量；近几年发行的金银币，常规品种中金币在万枚以下，银币在几万枚左右可算作是较小发行量。

主题内容突出

发行的金银币都对应一个特定的纪念题材。因每人的文化程度、学识修养不同，对题材的欣赏偏好各异，选择时往往有自己的主观趋向。一般重大的政治历史事件、杰出著名的人物、传统民族文化、特有的民族艺术和传统习俗等题材为选择的方向。有些币只是一时反映了某个题材，过后可能就毫无吸引力了。

制作工艺出色

工艺也是金银币的附加值之一，设计有特色、有创新，制作工艺独特都将提升金银币收藏投资价值。

系列龙头币

许多金银纪念币项目是按整个题材系列分组逐步发行的，时间相隔几年甚至十几年。类似股市中有龙头股，币市也同样有各系列的龙头币。关注各系列金银纪念币里的龙头币，就能掌握整个币市的行情变化和未来走势，便于投资者对金银币的投资操作。

重视包装附件

每套金银纪念币都有鉴定证书和专用包装盒，称"原证原盒"。近年发行的金银币的鉴定证书都有熊猫水印，纸张摸上去有凹凸感，图案文字清晰。如果是金币银币套装，鉴定证书号码都应相同。有些金银纪念币的透明塑壳是特制的，无替代品，包装盒很具观赏价值。包装与附件也是收藏品整体不可分割的一部分，可提升金银币藏品的品位和收藏价值。

4. 快乐收藏，理性投资

为推动当代中国金银纪念币集藏投资活动的健康、稳定、持续发展，相关部门倡导"快乐收藏，理性投资"的理念。

快乐收藏

中国当代贵金属纪念币是具有特定主题的国家法定货币，它反映了博大精深的中华历史文化，是历史文化发展的见证和标志，具有丰富的文化内涵。图稿设计审核程序严谨，图案设计精美，凝结了专业设计者的艺术造诣与劳动结晶。制作上结合传统的民族工艺和现代造币技术，铸造工艺精美，在融合了产品外形、模具处理等生产技术及防伪技术科技附加值的同时，又形成了独具特色的中国风格。综上所述，文化与科技附加值、艺术与工艺运用的欣赏价值、贵金属材质的独特魅力以及限量发行、法定货币特征等，均构成了中国当代贵金属纪念币的收藏价值。

"快乐收藏"一方面是指对中国当代贵金属纪念币收藏价值的领略与把玩，另一方面强调了收藏活动与个人的相融。

集藏是个人情操的陶冶，藏品主题、风格乃至材质的选择反映并影响集藏爱好者个人的性格与爱好，因而收藏的过程既渗透了集藏爱好者的精神寄托，也成为集藏爱好者精神锤炼的过程。品种和收藏方式的选择是个人的自主行为，人云亦云、随波逐流则只是"买藏"的附庸风雅，有悖于集藏的精神诉求。收藏的意蕴不在于个人藏品的珍稀多寡，而在于过程的喜怒哀乐。集藏爱好者要注重精神投入，提高收藏活动的文化内涵和品味，应将加强收藏活动与人生哲理的结合和体会作为不断努力的方向。

另外，在收藏历程中，集藏爱好者将广交天南海北或咫尺之遥志趣相投的藏友，通过收藏市场集藏爱好者可以体会到诚信为本，取之有道；通过藏友交往可以感受虚心好学，助人为乐；通过学术切磋可以领悟学海无涯，锲而不舍。

理性投资

贵金属纪念币的投资价值是收藏价值的衍生，其价值由纪念币主题的纪念性、设计工艺的艺术性、发行量等要素衡量。价值的实现和价值空间取决于收藏领域的认同和参与程度。因此，贵金属纪念币的升值系数是收藏价值和时间沉淀的有机结合。

"理性投资"的具体要求为：学习贵金属纪念币知识，了解发行概况，提升自身文化修养与鉴赏水平，从而在深入理解投资价值与收藏价值内在联系的基础上，把握贵金属纪念币的升值前景。投资者参与贵金属纪念币规模投资时，务必尊重规律，防范风险。

第3节　金银纪念币投资策略

金银纪念币具有发行量小、材质贵重、有一定投资价值等特点，从而成为人们对资产进行保值、增值的一种较好的选择。

1. 投资金银币应注意的要点

区分清楚金银币和金银章

因为同样题材、同样规格的币和章，其市场价格是不一样的，通常情况下金银纪念币的市场价格要远高于金银纪念章。金银纪念币和金银纪念章的最主要和最明显的区别就是金银纪念币有面额而金银纪念章没有面额。而有没有面额一方面说明是否为国家的法定货币，另一方面则说明了纪念币的权威性要远高于纪念章，因为具有面额的法定货币只能是由中国人民银行发行，所以金银纪念币的权威性是最高的。

区分清楚金银纪念币和金银投资币

纪念性金币是有明确纪念主题、限量发行、设计制造比较精湛且升水比较多的贵金属币。投资性金币是世界黄金非货币化以后黄金在货币领域存在的一种重要形式，是专门用于黄金投资的法定货币，其主要特点是发行机构在金价的基础上加较低升水溢价发行，以易于投资和收售。

配有权威证书

金银纪念币基本上都附有中国人民银行行长签名的证书，买卖的时候如果缺少证书会比较麻烦。

注意品相

金银纪念币从投资的角度分析，由于其是实物投资，所以品相非常重要，应避免金银币有水渍、污斑、变色、生锈、霉点等情况发生。如果"品相"出现问题，在买入和卖出时，这类金银币的价格必然低于正常价格。

2. 投资金银币要遵循的原则

看清大势、顺应大势的原则

投资市场行情的运行趋势一旦形成，通常情况下是不会轻易改变的，所以能够看清行情的运行趋势并且能够顺大势进行操作，投资的成功概率就高，而其所承受的市场风险就会小得多。

投资和投机相结合的原则

投资者在具体的币市投资操作中，可以将投资与投机的理念、手法结合起来。对普通的投资者而言，理想的操作思路和操作手法应该是投资、投机相结合，以投资为主，以投机为辅；或者熊市之中以投资为主，牛市之中以投机为主。

精心选择好币的原则

金银币市场可供选择的品种越来越多，投资者在投资或者投机时，始终有一个具体品种的选择问题。不同的投资品种一段时间以后的投资回报有高有低，虽然这些品种短时间内市场价格高低受到较多因素的影响，但长期价格走向是由其内在价值决定的。而内在价值通常由题材、制造、发行量、发行时间长短等综合因素决定。

保证资金安全的原则

任何投资市场皆存在不可避免的系统或者非系统风险，金银币市场行情也具有暴涨暴跌的情况，其市场风险在某些时间段还相当大。所以金银币投资者首先应该有风险意识，对于短期性的投资行为，应该采取一定的投资组合来回避市场风险。

第4节　金银纪念币投资案例实战分享

1. 京剧脸谱彩色金银纪念币投资策略与实战分享

京剧脸谱是具有中国民族特色的一种特殊的表演化妆方法。京剧脸谱艺术是广大戏曲爱好者非常喜爱的一门艺术，流行于国内外，已经被大家公认为中华民族传统文化的标识。

京剧脸谱代表的人物个性和特点也为广大民众所熟知。京剧脸谱彩色金银币第1组分别选取黑色脸谱表现廉洁清正、疾恶如仇的"包拯"，选取红色脸谱表现浩然正气、刚直不阿的"钟馗"，选取黄色脸谱表现忠诚谨重、强悍刚烈的"典韦"。京剧脸谱彩色金银纪念币第2组分别选取红色脸谱表现侠义豪爽、勇谋兼容的"关羽"，选取白色脸谱表现嫉恶如仇、扶正济贫的"鲁智深"，选取蓝色脸谱表现正直无私、大仁大义的"单雄信"。这些京剧脸谱造型给大家留下了做人忠诚和正直的印象，题材鲜明，为广大民众所接受。

京剧脸谱彩色金银币在选材、设计、印制工艺、色彩、视觉效果、技术规格和发行量等方面均具备显著的优势，良好的基本面为收藏和投资打下了基础。

京剧脸谱彩色金银币第1组脸谱图案

京剧脸谱彩色金银币第2组脸谱图案

2010年9月发行的京剧脸谱彩色金银币（第1组），在市场上受到收藏爱好者和投资者的热烈追捧，表现非凡，从每套5000多元的发行价一路上涨，最高至每套9500元左右，目前价格仍坚挺在8000元左右。参见京剧脸谱彩色金银币（第1组）发行至今的价格走势图。

京剧脸谱金银币第1组发行时，正值市场国际黄金白银上涨过程。从8月份到11月份，黄金价格就从每盎司1200美元快速涨到1400美元，直接推动了金银币价格的上涨。市场迎来了一波收藏投资金银币的大行情。以投资眼光看，京剧脸谱金银币第1组的价格走势非常漂亮，从发行初期的市场价格5000余元开盘，略为下跌后，其市场价格不断走高，在7500元作盘整，等到第2组币发行前，第1组币的市场价格又加速上涨，最高达到9500元。

作者长期收藏投资中国贵金属金银纪念币，形成了自己的投资理念，预先对中国人民银行、中国金币总公司每年发行的新品种新系列作全面的了解和评估，从中选择优秀的题材品种作好收藏和投资的准备。中国京剧脸谱金银纪念币第1组的发行前后，密切观注市场变化和基本面情况，在10月初每套价格上涨至5500元时，果断买入12套，在7500元时卖出5套，在8500元时又卖出5套，留下2套长期收藏。这一投资实战收益达到近50%。

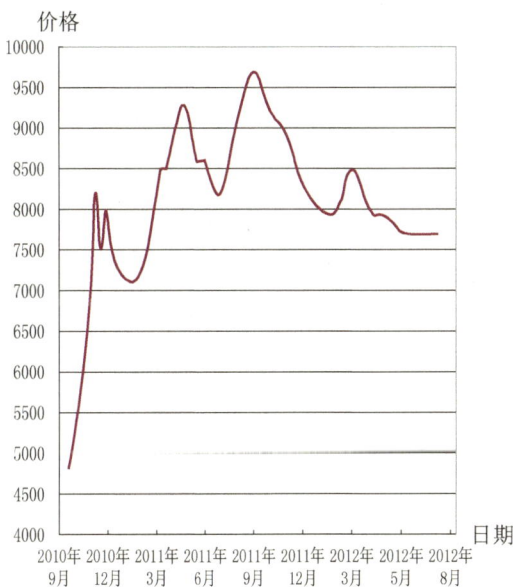

京剧脸谱彩色金银币第1组价格走势图

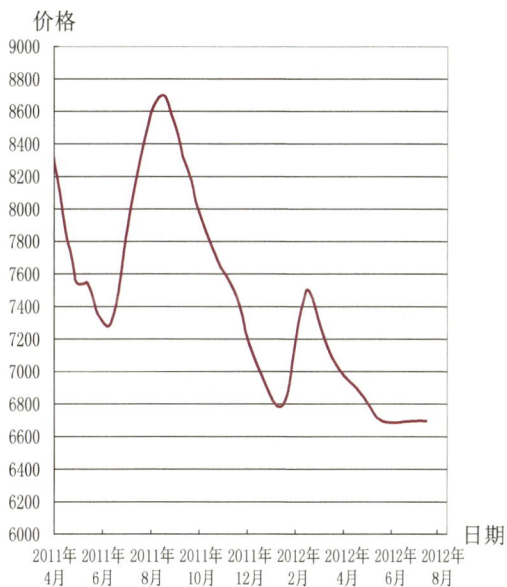

京剧脸谱彩色金银币第2组价格走势图

针对京剧脸谱第1组的市场表现和投资实战经验，作者事先对2011年发行的京剧脸谱第2组作了投资预测：认为在当时的市场背景下，京剧脸谱第2组的开盘价格不会低于第1组，要把握好买入时机，如果开价在6000元以上，建议暂时观望。实际情形是2011年4月18日中国京剧脸谱彩色金银纪念币（第2组）面世，其面世价格为8500元一套。火爆的开盘价，出乎大部分人的预料。由于有投资预测的心理准备，对京剧脸谱第2组就采取暂时观望、择机进入的投资策略。参见京剧脸谱彩色金银币（第2组）发行至今的价格走势图。

从投资的角度看，京剧脸谱第2组开盘以来的价格走势为高开低走，不尽如意。经过两个月的下探，在7400元与7500元有一个盘整期，并伴有一定的成交量。收藏的可以买一两套，激进的投资者可以考虑分批买入，主动出击。作者的投资实战是，在

7400元买入4套，后在6800元又补了4套，准备作长期的收藏和投资。坚信有可观的投资回报。

中国京剧脸谱系列彩色金银纪念币设计精美、内涵丰富，具有浓郁的民族风格和民族特色，1金2银安排合理，其中金币为1/4盎司的规格，市场价格适于收藏投资者的购买能力，增大了收藏群体。

中国京剧脸谱系列彩色金银纪念币将是一个相当有潜力的收藏投资品种。

2. 中国熊猫金币发行30周年纪念银币的投资实战分享

2012年4月，"中国熊猫金币发行30周年"金银纪念币发行。其设计理念、主题图案、雕刻技术、铸造工艺等诸多方面都取得了新的突破，把中国金币的品牌熊猫金银币推向了新的高度和水平。其中，1/4盎司纪念银币的背面图案首次设计成卡通熊猫，这是熊猫家族里的一个崭新形象。该币从其设计寓意上来说，小熊猫的圆形脸儿，刚好是数字"3"后面的"0"之意向，是为30，寓意中国熊猫币30年纪念；背景中浅雕而出的竹叶，意喻熊猫生活的环境，同时起到了美化、

1/4盎司银币——卡通熊猫

装饰熊猫头像和整幅图案的作用；外环上半部，环绕的微刻本色小星星，不多不少刚好30颗，起装饰作用的同时，再次重申着30年的重大含义。该币含义丰富，设计匠心独运、理念超前，观感、时代感强烈，不仅对传统爱币、收藏者是一次新的视觉盛宴，更会得到现代年轻群体的喜爱。这种小规格的金银币被认为是收藏的"入门级品种"，价格不高，受到了新入门的投资者和普通收藏者青睐，收藏投资价值值得期待。

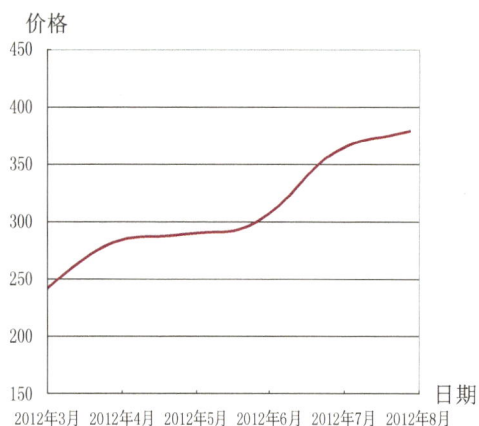

该币4月初刚发行时，市场价格为220元一枚，由于受到收藏投资者的钟爱，价格马上就开始往上走，中间稍作盘整后，该币在短短三个月的时间里上涨了近50%，目前价格在380元左右。由于事先对该币进行了分析和关注，作者以收藏目的在238元买进了10枚，中间盘整结束后，又以投资为目的在260元左右买进了100枚，上涨到330元时顺利卖出，投资收益回报达到25%。

3. 中国京剧艺术彩色金银纪念币——"贵妃醉酒"投资实战分享

"贵妃醉酒"彩金币是我国1999年发行的"中国京剧艺术彩色金银纪念币（第1组）"中的一枚，规格为1/2盎司，发行数量仅为8000枚，由国外瑞士造币厂铸造。

首枚彩金币——贵妃醉酒

《贵妃醉酒》是我国著名京剧艺术大师梅兰芳的经典之作。这枚彩金币以梅兰芳在京剧中的杨贵妃形象为主图，左上角则配有梅兰芳先生的头像。币面上，杨贵妃在百花亭醉酒后自艾自怜，其舞姿、柔媚和娇艳的人物形象都表现得惟妙惟肖，令人深受感染，而制成彩金币使色彩运用更加多样，艺术表现力也更强，将京剧艺术的美感表现得淋漓尽致，具有强烈的视觉感染力，由此提升了该金币的艺术价值，成为难得的精品。

"贵妃醉酒"是我国发行的首枚1/2盎司彩金币，属于整个彩金币系列中的龙头。"贵妃醉酒"彩金币的历史表现为金银币市场树立了一面大旗，它的影响早已超越了彩金币系列板块，而成为收藏投资者研判金银币市场行情趋势的风向标。

作者当时纯粹出于爱好，抱着收藏的心态从市场上以3200元的价格进了两枚，其中一枚一直收藏保留至今。

13年过去了，"贵妃醉酒"彩金币极具传奇色彩和波澜壮阔的市场表现，在一定程度上反映了中国金银纪念币收藏投资的发展历史，值得我们重温分享。

1999—2003年第一轮

"贵妃醉酒"彩金币于1999年9月发行，面市价格为2600元一枚。在经历一年多的市场消化认识后，在2001年1月开始了一波上升行情，从3800元左右开始，于同年的5月初上升至9000元左右结束；随后，转入了调整期，于2001年11月调整至6300元结束；接着，又开始一波大的上升行情，至2002年10月涨到2.2万元左右结束，涨1.57万元；之后，再进入调整，价格回到17000元左右；随后继续上升，于2003年9月上升至2.6万元。历时不到五年的第一阶段，"贵妃醉酒"从2600元上升至2.6万元，升幅达10倍，年收益率达到50%以上。

2003—2009年第二轮

2003年10月开始，"贵妃醉酒"彩金币从高点跌落，进入了一轮大的调整，至2004年7月市场价格回落到最低点1.2万元左右；2005年起，该币开始摆脱低迷，呈现探底回升的趋势，2007年市场价格回升至1.8万元，进行了三年的调整恢复；之后，从2007—2009年，在中国奥运金银币发行宣传的背景下，中国金银币市场走出了一波牛市行情，"贵妃醉酒"彩金币的价格从1.8万元上涨到2008年8月的2.5万元；后受到全球金融危机的影响，于2009年1月跌至2万元，随后于2009年年底又重回到2.5万元。长达6年的第二阶段，对"贵妃醉酒"作了大的调整和修复，市场进行了重新洗牌，为下一阶段的雄起打下了稳定良好的基础。

2010—2011年第三轮

从2010年开始"贵妃醉酒"彩金币的市场表现跨入了一个崭新的发展阶段，春节过后，市场行情突然启动，从2.5万元开始上涨，在3个月时间里波澜壮阔地大涨了60%

至4.1万元，让整个市场的参与者目瞪口呆。这是一种与以前完全不同的市场情景，"贵妃醉酒"彩金币收藏价值功能得到了真实发现，从此找一枚"贵妃醉酒"彩金币变得非常困难，收藏投资领域将它作为投资增值的最佳标的物。之后，稍作调整，"贵妃醉酒"彩金币市场价格先后突破了5万元、6万元、7万元和8万元整数关口，于2011年9月达到最高点8.5万元，创出历史新高。参见1999—2012年贵妃醉酒彩金币市场价格走势图。

可以乐观地预测，下一轮"贵妃醉酒"彩金币的启动必将站上10万元新高。

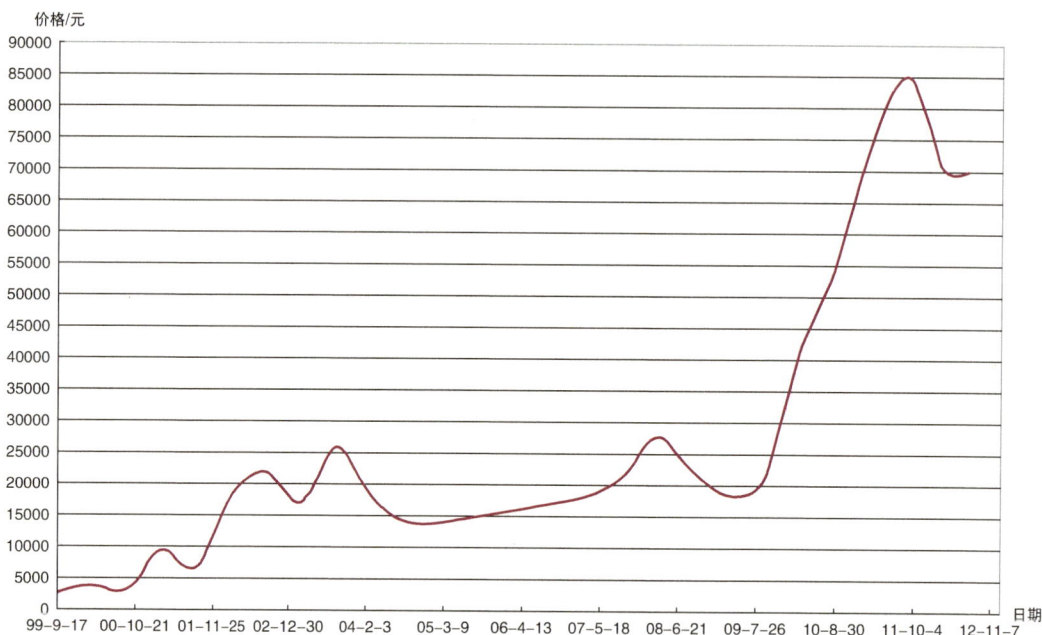

1999—2012年贵妃醉酒彩金币市场价格走势图

第4章作业练习题

1. 简答题

（1）常见的投资领域有哪些？

（2）适合个人投资的领域有哪些？

（3）怎样进入收藏品投资领域？

（4）简述不同的投资理念和原则。

（5）简述金银纪念币投资的策略。

（6）选择金银纪念币的标准有哪些？

（7）简述当代中国金银纪念币的投资优势。

2. 名词解释

投资理念——

投资策略——

标的——

标的物——

3. 计算题

（1）已知彩色金币贵妃醉酒1999年发行的市场价格为2500元一枚，至2011年上涨到8万元一枚，请按复利公式计算出投资该金币品种的年收益率。

（2）已知中国京剧脸谱彩色金银纪念币市场发行价格为4800元一套，三个月后涨至8500元，请计算出投资该金币品种的年收益率。

4. 实践论述题

（1）谈一下自己曾经有过的投资实践或准备投资的领域和方向。

（2）从自己（或自己家庭）的现状出发，试规划一个投资方案。

第**5**章

金银纪念币背景知识

本章知识点

◆金银纪念币的立项工作流程

◆金银纪念币的发行计划

◆金银纪念币的发行机构

◆钱币鉴定标准NGC

第1节　贵金属纪念币项目立项与发行

　　自1979年首次发行中华人民共和国成立30周年纪念金币以来，我国当代贵金属纪念币经过30余年的发展，已经逐步形成了立项、设计、生产、宣传、销售五大核心发售环节。其中，立项是整个发售过程的首要环节，立项工作涉及贵金属纪念币项目题材的选取、品种规格的选择和发行量的选定，所以做好立项工作是贵金属纪念币项目成功发售的关键之一。

1. 我国当代贵金属纪念币立项工作发展历程

　　我国当代贵金属纪念币的立项工作是伴随着中国金币事业的发展，尤其是我国贵金属纪念币营销体制的发展而不断发展和完善的，经历了一个从起步、发展到逐步规范的历程。在每个发展过程中，立项工作在很大程度上也主导着我国贵金属纪念币的发售政策。从发展时段来看，我国当代贵金属纪念币立项工作大致可以划分为以下三个阶段。

1979—1987年的起步阶段

　　这一阶段我国贵金属纪念币的发行基本处于尝试阶段，每年有三两个金银纪念币项目，按照指令性要求组织生产和销售。20世纪80年代中后期，随着海外市场对我国贵金属纪念币需求的增长，中国人民银行将贵金属纪念币项目列入货币发行计划，但立项计划是非正式报批，只报项目名称，规格和发行量的确定比较随意，基本处于一事一报、一项一议的阶段，有的项目是在上报其他事项时顺便报批的，有的项目还是发行后补报的。应该说，这一阶段的立项工作是没有计划的，更谈不上规划，这也符合当时我国贵金属纪念币发行的实际。

1987—2000年的发展阶段

1987年中国金币总公司成立了，发行工作开始走上正规。这一阶段开始有了项目发行计划，立项工作从指令性要求逐步向按照主承销商的需求转变。但当时立项作为销售或设计部门的一项工作，仍未引起足够的重视，中国人民银行在立项管理的政策上也比较宽松。在这一阶段的前期，立项计划的报批尽管仍沿用非正式形式，但相对独立，并开始上报项目名称、品种规格、发行量等基本要素。到了后期，每年年初提出当年详细的项目发行计划，包括项目名称、品种规格、材质、形状、重量、发行量等要素，报中国人民银行批准，中国金币总公司根据央行批准的项目计划组织设计、生产和发售工作。

与起步阶段相比，第二阶段的立项工作发展时间较长，进步较大。但由于当时缺乏立项的政策和法规依据，立项计划往往是根据主承销商的需求或者某些方面的建议制定的，且在没有经过论证的情况下就立项，临时追加发行的项目较多，具有一定的随意性，缺乏严肃性，有的项目由于承销商的信用、市场需求的变化等原因不能如期发行，影响市场的稳定性。另外，这一阶段正处于我国改革开放和经济快速发展期，海内外对金银币的需求旺盛，在"多品种、小批量"的发售政策的引导下，我国贵金属纪念币的项目开发"全面开花"，如：1995年发行了23个项目、153个品种，1997年发行了26个项目、134个品种，平均不到两个工作日发行一个品种，项目题材资源没有得到很好的保护。

2000—2012年的规范阶段

2000年，国务院颁布《中华人民共和国人民币管理条例》，随后中国人民银行发布《人民币、纪念币立项、设计、生产、发行暂行规定》，从此贵金属纪念币的项目立项有了政策和法规依据，立项工作开始向科学规范的方向发展。特别是2002年11月，中国人民银行在中国当代贵金属纪念币设计与生产工艺创新研讨会上，明确要求要加强贵金属纪念币发行规划的研究，做到科学立项、科学选题、吃透主题、创新立意，促进金币事业良性发展。2003年初，中国金币总公司成立了项目规划部，重点抓立项规划工作。由于有了政策法规的指引和约束，贵金属纪念币的立项工作得以逐步规范，项目计划的严肃性也得到体现。

这一阶段虽然历时短，但立项工作发生了飞跃，立项有了政策和法规的依据，有了专门的工作机构，有了严格的论证和报批程序。近年来，贵金属纪念币项目发行计划提前一年制定，联系有关部门，征求有关意见，查阅大量资料，多次论证修改，形成正式计划上报央行，批准后对社会公布。由于立项及时，为项目后续的设计、生产、发售工作争取了时间和主动。另外，这一阶段的立项工作按照"总量控制、结构调整、推陈出新、确保精品"的发售政策，重点考虑了市场的因素，加强了立项工作的计划性、规范性和严肃性，促进了市场的平稳、持续发展，但在立项的科学化、市场化、公开化等方面仍然有待进一步探索。

2. 我国当代贵金属纪念币立项工作流程

立项及审批原则

根据《中华人民共和国人民币管理条例》及《人民币、纪念币立项、设计、生产、发行暂行规定》，我国贵金属纪念币的立项原则是以弘扬民族文化、宣传社会主义、爱国主义和我国改革开放的伟大成就，促进世界和平为主导方向。一般项目报经中国人民银行批准，重大政治、历史题材项目要进一步上报中央、国务院批准。

近几年，在立项选题上首先考虑是否弘扬我国的先进文化，不仅要考虑经济效益问题，还要注重社会效益，并特别注重对我国传统民族文化的合理开发利用。同时考虑贵金属纪念币的货币和商品的双重属性，特别是反映商品属性的海内外市场需求和效益问题。项目立项工作延续"总量控制"政策，以"做精、做细、做强"为指导，合理规划、开发和保护题材资源，促进我国金币事业和钱币市场的可持续发展。

立项及报批程序

我国当代贵金属纪念币的立项机制是由中国金币总公司提出申请，由中国人民银行货币金银局签报主管货币金银工作的央行领导审批，并正式确定年度项目发行计划。贵金属纪念币如以重大政治、历史事件为题材或使用国家领导人肖像的，中国人民银行还需将立项计划及设计图稿报请中央及国务院有关部门审批。每年项目均依据年度项目发行计划执行，立项计划如需调整，由中国金币总公司提出申请，货币金银局报主管货币金银工作的央行领导审批。

中国金币总公司一般于每年年初提出下一年度的贵金属纪念币立项计划，并在系统内部进行多层次的论证，向社会有关方面征求意见，经总经理办公会研究决定后，于6月底前向货币金银局提交申请。贵金属纪念币立项计划申请包括：申请发行的项目名称、品种规格、材质重量、发行量、计划发行时间等要素。货币金银局于每年7月底之前，将央行领导批准后的贵金属纪念币立项计划发文通知有关执行单位，并由中国人民银行于年底或次年年初适时以央行公告的形式向社会公布年度贵金属纪念币项目发行计划（参见附录2）。

项目规划及题材库

30多年来，我国已向海内外发行了15大系列、350多个项目、近2000个品种的当代贵金属纪念币，题材内容十分丰富，涉及政治、经济、历史、文化、科技、体育等各个方面，具有浓郁的民族特色和独特的艺术风格，充分体现了我们民族的先进文化。为更好地做好立项工作，合理开发题材资源，中国金币总公司对贵金属纪念币项目题材进行深入的研究开发工作，制定项目中长期规划。曾经制定的规划有：以北京2008年奥运会纪念项目为重心的2004—2008年金银纪念币项目五年发行规划，以北京国际钱币博览会纪念项目为重心的2007—2013年系列主题纪念银币的设计规划，以民族传统文化生肖纪念项目为重心的2010—2021年系列整套图案的设计规划等，以及研究制定了2004—2013年项目发行十年规划。

为了规范贵金属纪念币的分类标准和立项标准，建立可供参考的立项数据库，高效地利用题材资源。从2000年开始，建立项目题材库，多次进行项目题材的征集活动，将征集到的大量项目题材资料和收集到的项目信息充实到项目题材库，丰富、充实题材资源。这些都为立项工作打下了良好的基础。

第2节　贵金属纪念币项目发行计划

《中华人民共和国人民币管理条例》第十九条规定：中国人民银行应当将纪念币的主题、面额、图案、材质、式样、规格、发行数量和发行时间予以公布，这是贵金属纪念币发售机构的法定义务。每年的发行计划一般于当年年底或下一年的年初在中国金币网等官方媒体公布。

目前，我国贵金属纪念币发行的品种已超过2000个，每年还有新的品种问世。对收藏投资者来讲，面对众多的品种，如何选择、怎样收藏投资、投资策略是短线还是长线等问题是必须谨慎思考的。

收藏投资成败或增值收益的一个必要前提是：对于一年一度颁布的贵金属纪念币项目发行计划进行认真研读，了解和分析发行的项目和品种，结合自己的收藏投资理念，作出评估和筛选。

我国贵金属纪念币的项目发行计划从2000年开始向公众颁布。收藏投资者可以从公布的计划中了解到下一年要发行项目的各种要素，如：项目的主题，发行的时间、品种、规格、数量等信息。解读项目发行计划的要点可以从下列几方面考虑。

第一，了解计划中的项目哪些是上一年延续的系列品种，哪些是今年发行的新项目品种，新的品种是否具有延续系列性还是独立的单个品种。然后，将整个项目中的品种按受关注的程度进行分列与比较，从中选出符合自己投资理念的、适宜的收藏投资品种。

第二，对选出的将收藏投资的品种进行发行数量的比较，常言道"物以稀为贵"，所以发行数量是决定币种能否增值的因素之一。原则上应选择发行量相对少的品种。

第三，应对品种的规格进行选择，是选择金币还是银币，是选择大规格还是小规格，需依据自身的经济实力来决定，做到量力而为。

第四，应考虑从市场购入项目品种的时间，一般新发的项目品种会在一个时间段分批投放到市场，这时可以通过相关媒体渠道关注该项目品种的市场表现和销售情况，作出判断来选择购入时机。只有那些受关注高的已为大众消费而沉淀的项目品种，才是收藏投资具备增值潜力的品种。

2012年贵金属纪念币项目发行计划公告

经中国人民银行批准，2012年贵金属纪念币计划发行7个项目，50个品种，其中金币27个品种，银币23个品种。

这7个项目分别为：2012版熊猫金银纪念币（包括中国银行成立100周年熊猫加字金银纪念币、华夏银行成立20周年熊猫加字金银纪念币）、中国熊猫金币发行30周年金银纪念币、中国佛教圣地（五台山）金银纪念币、中国京剧脸谱彩色金银纪念币（第3组）、中国青铜器金银纪念币（第1组）、2012北京国际邮票钱币博览会纪念银币、2013中国癸巳（蛇）年金银纪念币。

年内项目和发行量如有调整，以中国人民银行公告为准。

中国人民银行2012年01月30日

第3节　贵金属纪念币发行机构

1. 中国金币总公司及分支机构

中国金币总公司成立于1987年，是中国人民银行直属的我国唯一经营贵金属纪念币的行业性公司，履行贵金属货币的发售职能，是中央银行货币发行职能的重要组成部分和业务延伸，是中央银行货币发行的重要支撑体系之一。

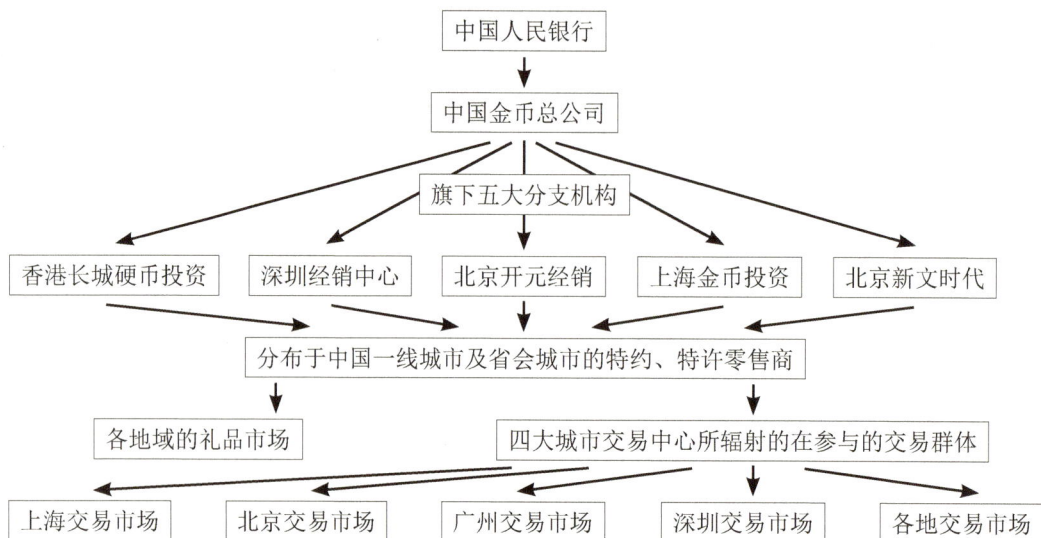

中国贵金属纪念币发行机构示意图

公司成立以来，积极开拓、培育贵金属纪念币市场，不断扩大和完善海内外经销网络。公司在香港设立了海外经销中心香港长城硬币投资有限公司，并与亚洲、美洲、欧洲的主要钱币经销商和银行建立了广泛的合作关系；在北京、深圳、上海分别设立了北京开元中国金币经销中心、中国金币深圳经销中心、上海金币投资有限公司三家直属的国内经销中心，并在全国各大中城市建立了近100家特许零售、特约经销商队伍。公司创建了专门从事贵金属纪念币生产的现代化造币企业——深圳国宝造币有限公司，以及从事金币文化传播与知识普及的专业机构——北京新文时代金币文化传播有限公司。

2. 中国金币特许零售商

2005年6月，首批十家中国金币特许零售商试点单位与中国金币总公司签约，这是继中国金币总公司直销中心运营之后，中国贵金属纪念币营销体制的又一次重要改革。截至2012年上半年，遍布全国的特许零售商已发展到近100家，开设特许零售店近300个，已建立起覆盖全国主要城市的特许零售网络。中国金币特许零售商在中国金币品牌建设中发挥了积极的作用，扮演着先锋、创新和传播的重要角色。

特许零售商作为中国金币营销体系中的终端，扮演着先锋的作用，是开疆辟壤、积极拓展的重要角色，通过主动出击，积极引导收藏投资者进行理性的和延续性的收藏投资活动。特许零售商应该是一支富有激情的具有专业素养的营销团队，这个团队对中国金币的文化理念有着深入的理解，掌握丰富的营销心理学，具备专业的知识（包括对金银币的设计理念、工艺流程、基本面情况等）。

3. 各地特许零售商通讯地址

可以通过官方网站——中国金币网（www.chngc.net）查寻到自己所在地区附近的中国金币特许零售商联系通讯地址。下面是浙江省的五家特许零售商通讯地址。

浙江省金银饰品经销公司 0571-87820978 杭州市上城区中山中路267号
浙江国鼎黄金中国金币特许零售店 400-690-5299 杭州市西湖区古墩路308号
宁波市金鑫金银饰品公司 0574-87303316 宁波市江北区车站路15号2楼
浙江金牛工贸有限公司 0577-88981816 温州市仰义乡沿江工业区68号金牛大楼
嘉兴市通宝钱币有限责任公司 0573-82922451 嘉兴市建国南路392号

第4节　钱币鉴定标准NGC

1. 钱币鉴定标准NGC简介

NGC（Numismatic Guaranty Corporation）为美国钱币保证公司。美国NGC钱币

鉴定评级公司成立于1987年，在钱币鉴定业务领域拥有数十年的经验。其鉴定师团队实力雄厚，使用全套统一标准的评级系统，其所评级的钱币数量已经超过所有其他服务机构的评级总和，是国际顶级的服务完善和公信力强的专业集团公司。

NGC专为服务于收藏家的美国钱币协会（American Numismatic Association，ANA）和服务于经销商的专业钱币行业协会

NGC评级币实物图

（Professional Numismatists Guild，PNG）提供正式的评级服务。NGC机构是全球领先的最大的第三方钱币评级服务提供商，钱币总市场价值超过200亿美元。在过去的20多年中，全球许多最重要的钱币和收藏品经过NGC鉴定。

NGC评级是提升钱币价值的标记，它提供一套专业的标准来规范钱币交易，有利于钱币的保养、保护，提升价值以及提高钱币信息的透明度，方便钱币爱好者保管收藏；同时在未来的交易过程中，增加了国际化的认证标准，使钱币在全球交易中更方便，流通更容易。

2. 钱币鉴定与评级

美国NGC机构采用70级谢尔登评级，将钱币的品级分为10个等级：差（Poor）、一般（Fair）、较好（About good）、良好（Good）、非常好（Very good）、精美（Fine）、非常精美（Very fine）、极其精美（Extremely fine）、介于流通与流通间（About uncirculated）、未流通（Uncirculated）。并且将10个等级再划分为1至70个不同的数字等级。

而目前，国内的专家仅将钱币品级分为5个等级：普品、美品、极美品、近乎未流通品和未流通品。

NGC钱币品级划分较细，体现了科学、合理和先进的特点。品级的划分对钱币进入市场运作和价格标准差异有着重要的影响。因此，钱币品级的评定就显得尤其重要，在钱币收藏中是一个不可缺少的环节。

3. 钱币鉴定封装与担保

NGC机构对鉴定评级后的钱币进行封装和身份确定。封装材料是用惰性和防酸性材料制成的并进行密封、盒装处理，通过严格的检测和验证，可以最大限度地解决钱币被氧化和受潮等问题。而在保证钱币品质的同时，封装盒上标注有全球防伪条码数据信息、钱币信息、钱币级别等内容，赋予了每枚钱币鉴定评级后的唯一身份，便于收藏家进行网络数据查询，确保钱币的真实性，使钱币交易更安全、流通更方便。

美国NGC钱币鉴定评级公司对经其评级的钱币给予担保。如果收藏者在交易过程中或者在钱币拍卖会上拍得的经美国NGC公司鉴定和评级的钱币被认定为赝品，则美国NGC钱币鉴定评级公司将对此做全额赔偿。从而，最大程度地避免了钱币机构及个人可能出现的钱币投资和收藏的风险，有效防止了赝品和假冒品的传播。

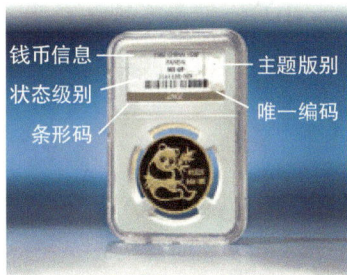

钱币封袋示意图

4. 我国钱币鉴定评级的开展情况

我国还没有设立自主的类似于NGC的钱币鉴定评级机构。2009年6月，美国NGC中国总代理——广州国标钱币收藏品鉴定评估有限公司在广州组建成立。其主要代理NGC业务在中国的推广及初选，是中国首家经国际认可的钱币鉴定专业机构代理。目前，广州国标公司已在香港、北京、吉林、河南、上海、浙江、陕西、四川、兰州等地设立了服务代办机构，业务辐射全国以及港澳地区。近两年，美国NGC对中国钱币的鉴定评级业务量大幅上升，目前已达十几万枚之多。评级币的普及标志着中国钱币市场日趋成熟，并在中国市场产生了巨大的影响。

美国NGC机构及技术的引进，有效地推动和促进了国内钱币市场与国际钱币市场的接轨，为国外钱币进入中国市场和中国钱币走向世界提供了必备和有力的条件；解决了国内钱币鉴定评级业务存在的无序及不规范现象，对钱币收藏市场起到完善和规范的作用；真品担保服务，确保了国内机构及个人对钱币的投资和收藏利益不受侵害；钱币的鉴定评级，也提升钱币的价值。

5. 钱币鉴定评级流程

美国NGC中国总代理机构——广州国标钱币收藏品鉴定评估有限公司及设立在全国各地的服务代办机构，负责对中国钱币的鉴定评级业务，其鉴定评级流程大致如下。

①客户咨询了解送评须知；

②填写提交表格；

③向国内代理机构提交表格和钱币；

④审核钱币信息；

⑤钱币拍照备案；

⑥作初步鉴定；

⑦初步鉴定合格发往美国NGC总部；

⑧NGC进行鉴定评级；

⑨鉴定评级币发回国内代理机构；

⑩审核确认；

⑪鉴定评级币移交客户；

⑫进行售后服务。

第5节　中国金银纪念币门户网站

1. 中国金币网（www.chngc.net）

中国金币网是中国金币总公司的官方网站，于2000年在广州国际钱币博览会期间开通成立。中国金币总公司是中央银行履行贵金属货币发行和国家贵金属储备职能，同时实现国家贵金属储备保值、增值的重要单位。中国金币网是中国贵金属交易、知识、政策等信息发布的最权威网站，在广大投资者心目中具有很高公信力。

重要栏目有新闻视点、发行公告、经销动态、直销信息、贵金属即时行情、币品欣赏和图录搜寻等。

中国金币网主页界面图

2. 中国集币在线（www.jibi.net）

中国集币在线创办于2002年，是迄今为止中国访问量最大，资讯和信息量最多，集藏门类最齐全的钱币门户网站。

中国集币在线每天准确播报上海卢工和北京马甸等钱币交易市场最新成交信息和收

盘行情，对全国各地钱币市场行情发展及信息沟通等发挥着非常积极的作用。

重要栏目有钱币要闻、行情直播、大盘综述、热门点评、今日收盘和泉坛夜话等。

中国集币在线主页界面图

3. 金币投资网（www.shgci.com）

金币投资网由上海金币投资有限公司创办。网站的宗旨是努力为广大的金银币投资爱好者、收藏爱好者打造一个集资讯、买卖、拍卖、交流于一体的金银币网络平台。

金币投资网主页界面图

　　网站提供每日最新的金银币报价及成交说明，及最全面的行情分析和钱币动态预测。金币投资网如今已发展有上千名常住会员，会员之间亲切、及时的交流不仅加深了相互之间的信任与了解，而且增加了彼此的亲密氛围，如今金币投资网已经成为广大个人收藏投资者生活的美好家园。

　　重要栏目有最新消息、投资指南、精品欣赏、熊猫金币、金市点评和财经资讯等。

第5章作业练习题

1. 简答题

（1）简述我国当代贵金属纪念币的立项工作环节。

（2）简述中国金币总公司的隶属关系及分支机构。

（3）本地区的中国金币特许零售商有哪几家？

（4）简述钱币鉴定标准NGC及特点。

（5）简述NGC评级的意义。

（6）有关中国金银纪念币信息资源的知名网站有哪些？

2. 名词解释

NGC——

ANA——

PNG——

3. 实践论述题

（1）实地走访本地区开设的中国金币特许零售商，了解和沟通销售服务信息。

（2）通过中国金币网了解近几年来的贵金属纪念币项目发行计划和系列品种。

（2）阅读2012贵金属纪念币项目发行计划，分析相关信息，从中选择适宜自己收藏投资的品种。

附录1　中国贵金属纪念币防伪基础知识

1.　通过经销渠道鉴别中国贵金属纪念币真假

中国贵金属纪念币正规的销售网点必须是中国金币总公司分支机构、中国金币特许零售商和特约经销商。中国金币特许零售商必须有正规的门市，拥有中国金币总公司颁发的中国金币特许零售商"授权书"及中国金币特许零售商"标志"。正规的销售商应在醒目位置摆放中国金币特许零售商"授权书"和中国金币特许零售商"铜牌"，门牌统一标志为"中国金币"。

假币一般无固定销售场所，主要通过电话邮购、上门推销、网上直销、关系销售及电话直销和临时设摊摆点等方式，采取货到付款或一手交钱一手交货的方式。

2.　通过产品题材鉴别中国贵金属纪念币真假

消费者在购买中国贵金属纪念币前，首先查看是否为中国人民银行发行的中国金币总公司总经销的题材产品，只要是国家发行的必须由中国人民银行进行公告，消费者可登陆中国人民银行官方网站（http://www.pbc.gov.cn）和中国金币总公司官方网站（http://www.chngc.net）及中国金币总公司客服中心（客服热线：4008 188 666）核实题材，如果在以上渠道查不到，则基本为假冒品。

3.　通过中国贵金属纪念币发行要素鉴别真假

贵金属纪念币的发行要素主要有纪念币的主题、图案、面额、材质、式样、规格、发行数量、发行时间、鉴定证书等，以上要素缺一不可。

纪念币正、背面一般由图案和文字组成，而图案都要表现一个特定的内容和思想，这就是图案的主题。式样是指贵金属纪念币的形状，一般有圆型、长方形、扇形、梅花形、多边形等。

4.　通过中国贵金属纪念币工艺质量特点鉴别真假

（1）喷砂效果

真币——我国发行的贵金属纪念币大多采用特定规格的喷砂工艺处理，可细分为均匀喷砂、渐变喷砂、多层次喷砂、反喷砂、装饰性网格喷砂等多种效果，呈现一种均匀细腻亚光的效果。

假币——市场上假冒的贵金属纪念币喷砂工艺粗糙，大多只有一种层次，不能给人以均匀细腻的感觉。

（2）浮雕造型

真币——贵金属纪念币采用了严格的浮雕设计和造型过程，所有规格贵金属纪念币正背面浮雕均起位清晰，文字笔划挺拓。

假币——假冒的贵金属纪念币常常会损失浮雕，特别是在靠近清边的部分，文字笔划粗糙，表面不平整。

（3）彩印效果

真币——真品彩色贵金属纪念币色彩饱满，油墨分布均匀，与底面浮雕对位准确，不偏印、不露印。奥运会会徽等特定的标识采用专色油墨印刷，色彩冲击力较强。

假币——假冒的彩色贵金属纪念币油墨分布不均匀，易出现偏色、露白等现象。

（4）材质与重量

真币——我国发行的金银纪念币符合《中华人民共和国金融行业标准（金币、银币）》（金币 JR/T0004-2000、银币 JR/T0005-2000），多采用纯金、纯银材质，重量公差、尺寸公差控制严格。

假币——假冒的金银纪念币大多采用铜镀金、低成色银等材料制作，成本大大降低，完全失去了贵金属的保值作用。

（5）专用防伪工艺

真币——针对具体的贵金属纪念币项目，我们应用了专门的防伪工艺，包括隐形雕刻、激光幻彩、变色油墨、斜丝齿、全齿间隔半齿等，呈现出独特的效果。

假币——假冒的贵金属纪念币不具备类似的防伪工艺或防伪图案不清晰，消费者可对照中国人民银行发行公告进行识别。

5. 通过鉴定证书鉴别中国贵金属纪念币真假

真的鉴定证书由权威机构——中国人民银行出具并有行长签名手迹字样，从1999年开始采用了专用的熊猫满版水印防伪纸张，文字编号清晰，图案颜色轮廓清楚，层次感好。

真鉴定证书具体有以下防伪特征。

（1）鉴定证书采用人民币（纸币）标准的纸张制造。

（2）证书的纸张采用专用的熊猫水印纸。

（3）证书正面右半边居中处印有无色荧光央行行徽，该处在自然光下不显色，在紫外光下显现荧光黄色的央行行徽样。

（4）每款证书均有微缩文字的设计。

假的仿制的鉴定证书由普通纸张扫描真品的图案印刷制作而成，字迹编号不清晰、有重影，证书号码通常不在一个水平线上；图案模糊、不协调，有的没有防伪水印，有的仿制防伪水印不清楚。

6. 中国贵金属纪念币的鉴定渠道

中国贵金属纪念币的鉴定渠道是：消费者如果发现购买中国贵金属纪念币有假币嫌疑，应首选当地中国金币总公司分支机构、特许零售商、特约经销商处进行初步鉴定；如果需要中国金币总公司进行鉴定可以拨打中国金币总公司客服中心电话进行咨询和预约（客服热线：4008 188 666）。

如消费者不慎或其他因素购买了假冒的中国贵金属纪念币，建议消费者到购买地或消费者所在地的公安机关报案，中国金币总公司维权反假办公室将积极协助地方各级执法部门对制售假贵金属纪念币的犯罪行为进行坚决打击，以维护纪念币作为国家法定货币的权威性，维护国家声誉，保护广大消费者的利益。

附录2　2001—2012年中国贵金属纪念币发行项目计划

2001年中国贵金属纪念币发行项目

2001年中国金银纪念币发行项目计划，共计9个项目，36个品种，其中金币19个品种，银币17个品种。

具体项目为：2001版熊猫金银纪念币、中国民间神话故事彩色金银纪念币、中国传统绘画系列《韩熙载夜宴图》彩色纪念银币、西藏自治区和平解放50周年纪念金币、中国古典文学名著《红楼梦》系列彩色金银纪念币（第二组）、中国石窟艺术金银纪念币、中国京剧艺术系列彩色金银纪念币（第三组）、中国民俗系列纪念银币（中秋节）、生肖马年金银纪念币。其中，中国民间神话故事彩色金银纪念币、中国传统绘画系列《韩熙载夜宴图》彩色纪念银币两个项目原为2000年推迟发行的项目，现调整为2001年发行项目。据介绍，2001年项目较2000年项目有所减少，这是进一步贯彻金银币"总量控制、结构调整、确保精品、推陈出新"发售政策的具体措施。

各项目发行要素表

序号	项目名称	材质	规格	发行量	预定发行时间
一	2001版熊猫金银纪念币	普制金币	1/20盎司	200000	2001年1月
		普制金币	1/10盎司	150000	
		普制金币	1/4盎司	100000	
		普制金币	1/2盎司	100000	
		普制金币	1盎司	150000	
		精制金币	1公斤	68	2001年5月
		普制银币	1盎司	500000	2001年1月
		精制银币	1公斤	2000	2001年5月
二	中国民间神话故事彩色金银纪念币	金币	1/2盎司	8800	2001年1月
		银币	1盎司	2×30000	
		银币	5盎司	10000	
三	中国传统绘画系列《韩熙载夜宴图》彩色纪念银币	银币	5盎司	18800	2001年6月
四	西藏自治区和平解放50周年纪念金币	金币	1/2盎司	15000	2001年4月
五	中国石窟艺术金银纪念币	金币	1/10 盎司	50000	2001年4月
		金币	1/2 盎司	8800	
		金币	5 盎司	288	
		高浮雕银币	2盎司	30000	
		高浮雕银币	5盎司	8000	
六	中国古典文学名著《红楼梦》系列彩色金银纪念币（第二组）	金币	1/2盎司	8000	2001年5月
		银币	1盎司	4×38000	
		银币	5盎司	11800	
七	中国京剧艺术系列彩色金银纪念币（第三组）	金币	1/2盎司	8000	2001年8月
		银币	1盎司	4×38000	
		银币	5盎司	11800	
八	中国民俗系列纪念银币（中秋节）	银币	1盎司	40000	2001年9月

续表

序号	项目名称	材质	规格	发行量	预定发行时间
九	生肖马年金银纪念币	普制金币	1/10盎司	48000	2001年11月
		彩色金币	1/10盎司	30000	
		扇形金币	1/2盎司	6600	
		梅花形金币	1/2盎司	2300	
		金币	1公斤	15	
		金币	5盎司	118	
		普制银币	1盎司	50000	
		扇形银币	1盎司	66000	
		梅花形银币	1盎司	6800	
		圆形彩色精致银币	1盎司	100000	
		长方形精致银币	5盎司	1888	

2002年中国贵金属纪念币发行项目

2002年中国金银纪念币发行项目计划包括传统固定项目3个：2002版熊猫贵金属纪念币（其中包括：熊猫金币发行20周年铂、银纪念币）、癸未（羊）年金银纪念币、2002北京国际邮票钱币博览会纪念币；延续项目6个：中国石窟艺术——龙门石窟金银纪念币、中国古典文学名著——《红楼梦》彩色金银纪念币（第2组）、中国民间神话故事彩色金银纪念币（第2组）、中国京剧艺术彩色金银纪念币（第4组）、中国民俗——端午节纪念银币、送子观音纪念金币；新立项目1个：四川三星堆金银纪念币。全年项目共10个，其中金币19个品种，铂币1个品种、银币21个品种。2002年金银币的制造将采用镜面、多层次喷砂、浅浮雕、高浮雕、激光全息幻彩等多种工艺，加强新技术和防伪工艺的运用。

各项目的发行要素表

序号	项目名称	材质及形状	含金（银）量	发行量（枚）	预定发行时间
一 2002版熊猫贵金属纪念币	2002版熊猫金银币	圆形普制金币	1/20盎司	400000	2001年12月
		圆形普制金币	1/10盎司	250000	
		圆形普制金币	1/4盎司	70000	
		圆形普制金币	1/2盎司	75000	
		圆形普制金币	1盎司	120000	
		圆形精制金币	1公斤	68	
		圆形普制银币	1盎司	500000	
		圆形精制银币	1公斤	4000	
	熊猫金币发行20周年铂、银纪念币	圆形精制铂币	1/10盎司	20000	
		圆形镶金精制银币	1公斤	6000	
二	中国民间神话故事彩色金银纪念币（第二组）	圆形彩色精制金币	1/2盎司	8800	2002年2月
		圆形彩色精制银币	1盎司	2×30000	
		长方形彩色精制银币	5盎司	10000	
三	送子观音纪念金币	圆形幻彩精制金币	1/10盎司	33000	2002年3月
四	中国石窟艺术（龙门石窟）金银纪念币	圆形精制金币	1/2盎司	8800	2002年5月
		圆形精制金币	5盎司	288	
		圆形精制银币	2盎司	30000	
		圆形精制银币	5盎司	8000	
		圆形精制银币	1公斤	8000	

续表

序号	项目名称	材质及形状	含金（银）量	发行量（枚）	预定发行时间
五	中国民俗——端午节纪念银币	圆形精制银币	1盎司	40000	2002年5月
六	四川三星堆金银纪念币	圆形精制金币	1/2盎司	5000	2002年7月
		圆形精制银币	2盎司	30000	
七	中国京剧艺术系列彩色金银纪念币（第四组）	圆形彩色精制金币	1/2盎司	8000	2002年8月
		圆形彩色精制银币	1盎司	4x38000	
		长方形彩色精制银币	5盎司	11800	
八	中国古典名著《红楼梦》系列彩色金银纪念币（第二组）	八边形彩色精制金币	1/2盎司	8000	2002年8月
		八边形彩色精制银币	1盎司	4x38000	
		扇形彩色精制银币	5盎司	11800	
九	2002北京国际邮票钱币博览会纪念银币	圆形精制银币	1盎司	40000	2002年9月
十	癸未（羊）年金银纪念币	圆形普制金币	1/10盎司	48000	2002年9月
		圆形彩色精制金币	1/10盎司	30000	
		扇形普制金币	1/2盎司	6600	
		梅花形精制金币	1/2盎司	2300	
		梅花形精制金币	1公斤	15	
		长方形精制金币	5盎司	118	
		圆形普制银币	1盎司	50000	
		扇形普制银币	1盎司	66000	
		梅花形精制银币	1盎司	6800	
		长方形精制银币	5盎司	1888	
		圆形精制银币	1公斤	3800	
		圆形彩色精制银币	1盎司	100000	

2003年中国贵金属纪念币发行项目

2003年贵金属纪念币的发行将继续贯彻执行"总量控制、结构调整、确保精品、推陈出新"的发售政策。全年发行共11个项目43个品种，其中金币20个品种，银币21个品种，铂币2个品种。

2003年贵金属纪念币的制造将加强图稿及样币的评审工作，加大对新技术和防伪工艺的研发及投入力度，全面提高我国金银纪念币的设计生产水平，努力为广大钱币收藏者、投资者提供满意的收藏、投资精品。

各项目的发行要素表

序号	项目名称	材质	形状	含金（银）量	发行量（枚）	预定发行时间
一	2004中国甲申（猴）年金银纪念币	金币	圆形	1/10盎司	60000	2003年11月
		彩色金币	圆形	1/10盎司	30000	
		金币	扇形	1/2盎司	6600	
		金币	梅花形	1/2盎司	2300	
		金币	梅花形	1公斤	15	
		金币	长方形	5盎司	118	
		银币	圆形	1盎司	80000	
		银币	扇形	1盎司	66000	
		银币	梅花形	1盎司	6800	
		银币	长方形	5盎司	1888	
		银币	圆形	1公斤	3800	
		彩色银币	圆形	1盎司	100000	

续表

序号	项目名称	材质	形状	含金（银）量	发行量（枚）	预定发行时间
二	2003版熊猫贵金属纪念币	普制金币	圆形	1/20盎司	400000	2002年12月
		普制金币	圆形	1/10盎司	250000	
		普制金币	圆形	1/4盎司	70000	
		普制金币	圆形	1/2盎司	75000	
		普制金币	圆形	1盎司	120000	
		金币	圆形	1公斤	68	
		普制银币	圆形	1盎司	600000	
		银币	圆形	5盎司	10000	
		银币	圆形	1公斤	4000	
		铂币	圆形	1/20盎司	50000	
三	中国民俗——春节金银纪念币	金币	圆形	1/3盎司	50000	2002年12月
		银币	圆形	1盎司	100000	
四	中国民间神话故事彩色金银纪念币（第3组）	金币	圆形	1/2盎司	8800	2003年4月
		银币	圆形	1盎司	2×30000	
		银币	长方形	5盎司	10000	
五	中国古典文学名著——《红楼梦》彩色金银纪念币(第3组)	金币	八边形	1/2盎司	8000	2003年7月
		银币	八边形	1盎司	4×38000	
		银币	扇形	5盎司	11800	
六	中国古典文学名著——《西游记》彩色金银纪念币(第1组)	金币	圆形	1/2盎司	11800	2003年8月
		银币	圆形	1盎司	2×38000	
		银币	长方形	5盎司	10000	
七	环境保护——植树节纪念银币	银币	圆形	1盎司	2×30000	2003年3月
八	世界遗产——武陵源金银纪念币	金币	圆形	1/2盎司	8000	2003年9月
		银币	圆形	1盎司	30000	
		银币	圆形	1盎司	30000	
九	中国首次载人航天飞行成功金银纪念币	金币	圆形	1/3盎司	30000	2003年12月
		银币	圆形	1盎司	60000	

2004年中国贵金属纪念币发行项目

2004年中国贵金属纪念币的发行将继续贯彻执行"总量控制、结构调整、确保精品、推陈出新"政策。全年共计划发行8个项目44个品种（见附表），其中金币22个品种，银币19个品种，铂币2个品种，钯币1个品种。这8个项目分别是：邓小平诞辰100周年金银纪念币、人民代表大会成立50周年金银纪念币、2004版熊猫贵金属纪念币、中国民俗–元宵节金银纪念币、中国古典文学名著–《西游记》彩色金银纪念币（第2组）、中国石窟艺术（麦积山）金银纪念币、2005中国乙酉（鸡）年金银纪念币。

各项目的发行要素表

序号	项目名称	材质	形状	重量	发行量（枚）	预计发行时间
一	2004版熊猫贵金属纪念币	普制金币	圆形	1盎司	120000	2003年12月
		普制金币	圆形	1/2盎司	75000	
		普制金币	圆形	1/4盎司	70000	
		普制金币	圆形	1/10盎司	250000	
		普制金币	圆形	1/20盎司	400000	
		普制银币	圆形	1盎司	600000	
		金币	圆形	1公斤	68	
		铂币	圆形	1/20盎司	50000	
		钯币	圆形	1/2盎司	8000	
		银币	圆形	1公斤	4000	
		银币	圆形	5盎司	10000	
	中国工商银行成立20周年熊猫加字金银币	普制金币	圆形	1/4盎司	50000	2003年12月
		普制银币	圆形	1盎司	120000	
	2004北京国际邮票钱币博览会熊猫加字银币	普制银币	圆形	1盎司	30000	2004年10月
二	中国古典文学名著-《西游记》彩色金银纪念币（第2组）	金币	长方形	5盎司	500	2004年6月
		金币	圆形	1/2盎司	11800	
		银币	长方形	5盎司	10000	
		银币	圆形	1盎司	2×38000	
三	中国石窟艺术（麦积山）金银纪念币	金币	圆形	5盎司	288	2004年7月
		金币	圆形	1/2盎司	8800	
		银币	圆形	2盎司	20000	
四	邓小平诞辰100周年金银纪念币	金币	圆形	5盎司	600	2004年8月
		金币	圆形	1/2盎司	10000	
		银币	圆形	1公斤	5000	
		银币	圆形	1盎司	80000	
五	人民代表大会成立50周年金银纪念币	金币	圆形	1/2盎司	5000	2004年9月
		银币	圆形	1盎司	50000	
六	2005中国乙酉(鸡)年金银纪念币	金币	梅花形	1公斤	15	2004年10月
		金币	长方形	5盎司	118	
		金币	扇形	1/2盎司	6600	
		金币	梅花形	1/2盎司	8000	
		普制金币	圆形	1/10盎司	60000	
		彩色金币	圆形	1/10盎司	30000	
		银币	圆形	1公斤	3800	
		银币	长方形	5盎司	1888	
		银币	扇形	1盎司	66000	
		银币	梅花形	1盎司	60000	
		普制银币	圆形	1盎司	80000	
		彩色银币	圆形	1盎司	100000	

2005年中国贵金属纪念币发行项目

2005年贵金属纪念币发行继续贯彻总量调控的精品政策，以反映重大纪念性事件为主线，坚持适度从紧的原则。

2005年中国贵金属纪念币计划发行的项目有：2005版熊猫贵金属纪念币（已于2004年11月发行）、2006年德国世界杯足球赛金银纪念币、郑和下西洋600周年金银纪念币、陈云诞辰100周年金银纪念币、第29届奥林匹克运动会贵金属纪念币（第1组）（项目实施情况待定）、抗日战争和世界反法西斯战争胜利60周年金银纪念币、2006中国丙戌（狗）年金银纪念币等共7个项目，项目数量比上年减少2个，比前年减少4个。

各项目的发行要素表

序号	项目名称	材质	形状	重量	发行量（枚）	预计发行时间
一	2005版熊猫贵金属纪念币	普制金币	圆形	1盎司	150000	2004年11月
		普制金币	圆形	1/2盎司	60000	
		普制金币	圆形	1/4盎司	60000	
		普制金币	圆形	1/10盎司	150000	
		普制金币	圆形	1/20盎司	200000	
		普制银币	圆形	1盎司	600000	
		普制金币	圆形	1公斤	100	
		精制金币	圆形	5盎司	1000	
		精制铂币	圆形	1/10盎司	30000	
		精制钯币	圆形	1/2盎司	8000	
		精制银币	圆形	1公斤	4000	
		精制银币	圆形	5盎司	10000	
	2005北京国际钱币博览会熊猫加字纪念银币	普制银币	圆形	1盎司	30000	2005年10月
二	2006年德国世界杯足球赛金银纪念币	精制金币	圆形	1/4盎司	10000	2005年1月
		精制银币	圆形	1公斤	3000	
		精制银币	圆形	1盎司	50000	
三	郑和下西洋600周年金银纪念币	精制金币	圆形	1/2盎司	6000	2005年4月
		精制银币	圆形	1盎司	60000	
四	陈云诞辰100周年金银纪念币	精制金币	圆形	1/2盎司	5000	2005年6月
		精制银币	圆形	1盎司	2×15000	
五	第29届奥林匹克运动会贵金属纪念币（第1组）					待定
六	抗日战争和世界反法西斯战争胜利60周年金银纪念币	精制金币	圆形	1/2盎司	5000	2005年9月
		精制银币	圆形	1盎司	30000	
七	2006中国丙戌（狗）年金银纪念币	精制金币	梅花形	1公斤	15	2005年10月
		精制金币	长方形	5盎司	118	
		普制金币	扇形	1/2盎司	6600	
		精制金币	梅花形	1/2盎司	8000	
		普制金币	圆形	1/10盎司	60000	
		精制彩色金币	圆形	1/10盎司	30000	
		精制银币	圆形	1公斤	3800	
		精制银币	长方形	5盎司	1888	
		普制银币	扇形	1盎司	66000	
		精制银币	梅花形	1盎司	60000	
		普制银币	圆形	1盎司	80000	
		精制彩色银币	圆形	1盎司	100000	

2006年中国贵金属纪念币发行项目

2006年贵金属纪念币计划发行6个项目、43个品种，项目数、品种数比2005年分别减少2个和4个。

2006年贵金属纪念币发行计划中的6个项目分别为：2006版熊猫贵金属纪念币（其中包括北京银行成立10周年熊猫加字金银纪念币、中国民生银行成立10周年熊猫加字金银纪念币、2006中国沈阳世界园艺博览会熊猫加字金银纪念币、济南市商业银行成立10周年熊猫加字纪念银币、2006北京国际邮票钱币博览会熊猫加字纪念银币），千年学府——岳麓书院金银纪念币，青藏铁路全线通车金银纪念币，第29届奥林匹克运动会贵金属纪念币（第1组），中国工农红军长征胜利70周年金银纪念币，2007中国丁亥（猪）年金银纪念币。

2006年贵金属纪念币项目发行计划继续坚持适度从紧的原则，第29届奥运会贵金属纪念币为核心项目，同时纪念重大事件、弘扬传统文化等主题得到充分重视和体现。

各项目的发行要素表

序号	项目名称	材质	形状	重量	最大发行量（枚）	预计发行时间
一	2006版熊猫贵金属纪念币	普制金币	圆形	1盎司	150000	2005年11月
		普制金币	圆形	1/2盎司	60000	
		普制金币	圆形	1/4盎司	60000	
		普制金币	圆形	1/10盎司	150000	
		普制金币	圆形	1/20盎司	200000	
		普制银币	圆形	1盎司	600000	
		精制金币	圆形	1公斤	200	
		精制金币	圆形	5盎司	1000	
		精制银币	圆形	1公斤	4000	
		精制银币	圆形	5盎司	10000	
	北京银行成立10周年熊猫加字金银纪念币	普制金币	圆形	1/4盎司	15000	2006年1月
		普制金币	圆形	1盎司	50000	
	中国民生银行成立10周年熊猫加字金银纪念币	普制金币	圆形	1/4盎司	20000	2006年1月
		普制金币	圆形	1盎司	70000	
	2006中国沈阳世界园艺博览会熊猫加字金银纪念币	普制金币	圆形	1/4盎司	10000	2006年5月
		普制金币	圆形	1盎司	30000	
	济南市商业银行成立10周年熊猫加字纪念银币	普制银币	圆形	1盎司	20000	2006年5月
	2006北京国际邮票钱币博览会熊猫加字纪念银币	普制银币	圆形	1盎司	20000	2006年10月
二	千年学府——岳麓书院金银纪念币	精制金币	圆形	1/2盎司	7000	2006年4月
		精制银币	圆形	1盎司	40000	
三	青藏铁路全线通车金银纪念币	精制金币	圆形	1/4盎司	16000	2006年6月
		精制银币	圆形	1盎司	36000	
四	第29届奥林匹克运动会贵金属纪念币（第1组）	精制金币	圆形	1/3盎司	2×60000	2006年7月
		精制银币	圆形	1盎司	4×160000	
五	中国工农红军长征胜利70周年金银纪念币	精制金币	圆形	1/2盎司	10000	2006年9月
		精制银币	圆形	1盎司	25000	

续表

序号	项目名称	材质	形状	重量	最大发行量（枚）	预计发行时间
六	2007中国丁亥（猪）年金银纪念币	精制金币	圆形	10公斤	18	2006年10月
		精制金币	梅花形	1公斤	118	
		精制金币	长方形	5盎司	118	
		普制金币	扇形	1/2盎司	6600	
		精制金币	梅花形	1/2盎司	8000	
		普制金币	圆形	1/10盎司	60000	
		精制彩色金币	圆形	1/10盎司	30000	
		精制银币	圆形	1公斤	3800	
		精制银币	长方形	5盎司	1888	
		普制银币	扇形	1盎司	66000	
		精制银币	梅花形	1盎司	60000	
		普制银币	圆形	1盎司	80000	
		精制彩色银币	圆形	1盎司	100000	

2007年中国贵金属纪念币发行项目

经中国人民银行审定，2007年贵金属纪念币计划发行9个项目、90个品种，其中金币46个品种，银币44个品种。

这9个项目分别为：2007版熊猫金银纪念币、中国熊猫金币发行25周年金银纪念币、内蒙古自治区成立60周年金银纪念币、中国歼－10飞机金银纪念币、第29届奥林匹克运动会贵金属纪念币（第2组）、中国人民解放军建军80周年金银纪念币、2007年世界夏季特殊奥林匹克运动会金银纪念币、2007北京国际钱币博览会纪念银币、2008中国戊子（鼠）年金银纪念币。上述项目中，2007版熊猫金银纪念币和中国熊猫金币发行25周年金银纪念币已分别于2006年11月20日和2007年1月25日发行。

2007年贵金属纪念币项目发行计划继续坚持适度从紧的原则，以反映重大纪念性事件为主线，以第29届奥运会贵金属纪念币（第2组）为核心项目，同时兼顾弘扬传统文化等主题。

各项目的发行要素表

序号	项目名称	材质	形状	重量	最大发行量（枚）	预计发行时间
一	2007版熊猫金银纪念币	普制金币	圆形	1盎司	150000	2006年11月
		普制金币	圆形	1/2盎司	60000	
		普制金币	圆形	1/4盎司	60000	
		普制金币	圆形	1/10盎司	150000	
		普制金币	圆形	1/20盎司	200000	
		普制银币	圆形	1盎司	600000	
		精制金币	圆形	1公斤	200	
		精制金币	圆形	5盎司	1000	
		精制银币	圆形	1公斤	4000	
		精制银币	圆形	5盎司	10000	

续表

序号	项目名称	材质	形状	重量	最大发行量（枚）	预计发行时间
二	中国熊猫金币发行25周年金银纪念币	精制金币	圆形	1/25盎司	25×18000	2007年1月
		精制银币	圆形	1/4盎司	25×30000	
三	内蒙古自治区成立60周年金银纪念币	精制金币	圆形	1/4盎司	10000	2007年4月
		精制银币	圆形	1盎司	20000	
四	中国歼－10飞机金银纪念币	精制金币	圆形	1/3盎司	10000	2007年5月
		精制银币	圆形	1盎司	20000	
五	第29届奥林匹克运动会贵金属纪念币（第2组）	精制金币	圆形	5盎司	2008	2007年6月
		精制金币	圆形	1/3盎司	2×60000	
		精制银币	圆形	1公斤	20008	
		精制银币	圆形	1盎司	4×160000	
六	中国人民解放军建军80周年金银纪念币	精制金币	圆形	1/2盎司	10000	2007年7月
		精制银币	圆形	1盎司	30000	
七	2007年世界夏季特殊奥林匹克运动会金银纪念币	精制金币	圆形	1/4盎司	20000	2007年8月
		精制银币	圆形	1/2盎司	40000	
八	2007北京国际钱币博览会纪念银币	精制银币	圆形	1盎司	30000	2007年10月
九	2008中国戊子（鼠）年金银纪念币	精制金币	圆形	10公斤	18	2007年10月
		精制金币	梅花形	1公斤	118	
		精制金币	长方形	5盎司	118	
		普制金币	扇形	1/2盎司	6600	
		精制金币	梅花形	1/2盎司	8000	
		普制金币	圆形	1/10盎司	60000	
		精制彩色金币	圆形	1/10盎司	30000	
		精制银币	圆形	1公斤	3800	
		精制银币	长方形	5盎司	1888	
		普制银币	扇形	1盎司	66000	
		精制银币	梅花形	1盎司	60000	
		普制银币	圆形	1盎司	80000	
		精制彩色银币	圆形	1盎司	100000	

2008年中国贵金属纪念币发行项目

2008年贵金属纪念币计划发行8个项目、44个品种，其中金币23个品种，银币21个品种。

这8个项目分别为：2008版熊猫金银纪念币（其中含 交通银行成立100周年熊猫加字金银纪念币、北京印钞厂建厂100周年熊猫加字纪念银币）、第29届奥林匹克运动会贵金属纪念币（第3组）、海南经济特区成立20周年金银纪念币、北京2008年残奥会金银纪念币、宁夏回族自治区成立50周年金银纪念币、2008北京国际邮票钱币博览会纪念银币、2009中国己丑（牛）年金银纪念币、广西壮族自治区成立50周年金银纪念币。上述项目中，2008版熊猫金银纪念币已于2007年11月发行。

2008年贵金属纪念币项目发行计划继续坚持适度从紧的原则，以反映重大纪念性事件为主线，以第29届奥运会贵金属纪念币（第3组）为核心项目，同时兼顾弘扬传统文化等主题。

各项目的发行要素表

序号	项目名称	材质	形状	重量	最大发行量	预计发行时间
一	2008版熊猫金银纪念币	普制金币	圆形	1盎司	160000	2007年11月
		普制金币	圆形	1/2盎司	60000	
		普制金币	圆形	1/4盎司	60000	
		普制金币	圆形	1/10盎司	100000	
		普制金币	圆形	1/20盎司	100000	
		普制银币	圆形	1盎司	600000	
		精制金币	圆形	1公斤	200	
		精制金币	圆形	5盎司	1000	
		精制银币	圆形	1公斤	4000	
		精制银币	圆形	5盎司	10000	
	交通银行成立100周年熊猫加字金银纪念币	普制金币	圆形	1/4盎司	100000	2008年1月
		普制银币	圆形	1盎司	100000	
	北京印钞厂建厂100周年熊猫加字纪念银币	普制银币	圆形	1盎司	20000	2008年5月
二	第29届奥林匹克运动会贵金属纪念币（第3组）	精制金币	圆形	10公斤	29	2008年3月
		精制金币	圆形	5盎司	2008	
		精制金币	圆形	1/3盎司	2×60000	
		精制银币	圆形	1公斤	20008	
		精制银币	圆形	1盎司	4×160000	
三	海南经济特区成立20周年金银纪念币	精制金币	圆形	1/4盎司	10000	2008年4月
		精制银币	圆形	1盎司	20000	
四	北京2008年残奥会金银纪念币	精制金币	圆形	1/3盎司	15000	2008年5月
		精制银币	圆形	1盎司	30000	
五	宁夏回族自治区成立50周年金银纪念币	精制金币	圆形	1/4盎司	10000	2008年8月
		精制银币	圆形	1盎司	20000	
六	2008北京国际邮票钱币博览会纪念银币	精制银币	圆形	1盎司	30000	2008年10月
七	2009中国己丑（牛）年金银纪念币	精制金币	圆形	10公斤	12	2008年10月
		精制金币	梅花形	1公斤	118	
		精制金币	长方形	5盎司	118	
		普制金币	扇形	1/2盎司	6600	
		精制金币	梅花形	1/2盎司	8000	
		普制金币	圆形	1/10盎司	80000	
		精制彩色金币	圆形	1/10盎司	30000	
		精制银币	圆形	1公斤	3800	
		精制银币	长方形	5盎司	1888	
		普制银币	扇形	1盎司	66000	
		精制银币	梅花形	1盎司	60000	
		普制银币	圆形	1盎司	100000	
		精制彩色银币	圆形	1盎司	100000	
八	广西壮族自治区成立50周年金银纪念币	精制金币	圆形	1/4盎司	10000	2008年12月
		精制银币	圆形	1盎司	20000	

2009年中国贵金属纪念币发行项目

经中国人民银行批准，2009年贵金属纪念币计划发行7个项目，43个品种，其中金币23个品种，银币20个品种。

这7个项目分别为：2009版熊猫金银纪念币（其中包含中国农业银行股份有限公司成立熊猫加字金银纪念币）、中国2010年上海世界博览会金银纪念币（第1组）、第16届亚洲运动会金银纪念币（第1组）、中国古典文学名著——《水浒传》彩色金银纪念币（第1组）、中华人民共和国成立60周年金银纪念币、2009北京国际钱币博览会纪念银币、2010中国庚寅（虎）年金银纪念币。上述项目中，2009版熊猫金银纪念币已于2008年11月发行。

各项目的发行要素表

序号	项目名称	材质	形状	重量	最大发行量（枚）	预计发行时间
一	2009版熊猫金银纪念币	普制金币	圆形	1盎司	160000	2008年11月
		普制金币	圆形	1/2盎司	60000	
		普制金币	圆形	1/4盎司	60000	
		普制金币	圆形	1/10盎司	100000	
		普制金币	圆形	1/20盎司	100000	
		普制银币	圆形	1盎司	600000	
		精制金币	圆形	1公斤	200	
		精制金币	圆形	5盎司	1000	
		精制银币	圆形	1公斤	4000	
		精制银币	圆形	5盎司	10000	
	中国农业银行股份有限公司成立熊猫加字金银纪念币	精制金币	圆形	1/4盎司	100000	2009年1月
		精制金币	圆形	1盎司	100000	
二	中国2010年上海世界博览会金银纪念币（第1组）	精制金币	圆形	1/3盎司	50000	2009年5月
		精制银币	圆形	2×1盎司	2×70000	
三	第16届亚洲运动会金银纪念币（第1组）	精制金币	圆形	1/4盎司	30000	2009年7月
		精制银币	圆形	1盎司	60000	
四	中国古典文学名著——《水浒传》彩色金银纪念币（第1组）	精制彩色金币	长方形	5盎司	800	2009年8月
		精制彩色金币	圆形	1/3盎司	30000	
		精制彩色银币	长方形	5盎司	10000	
		精制彩色银币	圆形	2×1盎司	2×60000	
五	中华人民共和国成立60周年金银纪念币	精制金币	圆形	1公斤	100	2009年9月
		精制金币	圆形	5盎司	600	
		精制金币	圆形	1/4盎司	60000	
		精制银币	圆形	1公斤	6000	
		精制银币	圆形	1盎司	100000	
六	2009北京国际钱币博览会纪念银币	精制银币	圆形	1盎司	30000	2009年10月
七	2010中国庚寅（虎）年金银纪念币	精制金币	圆形	10公斤	18	2009年10月
		精制金币	梅花形	1公斤	118	
		精制金币	长方形	5盎司	118	
		精制彩色金币	圆形	5盎司	1800	
		普制金币	扇形	1/2盎司	6600	
		精制金币	梅花形	1/2盎司	8000	
		精制金币	圆形	1/10盎司	80000	
		精制彩色金币	圆形	1/10盎司	80000	
		精制银币	圆形	1公斤	3800	
		精制银币	长方形	5盎司	1888	
		精制彩色银币	圆形	5盎司	8800	
		普制银币	扇形	1盎司	66000	
		精制银币	梅花形	1盎司	60000	
		精制银币	圆形	1盎司	100000	
		精制彩色银币	圆形	1盎司	100000	

2010年中国贵金属纪念币发行项目

经中国人民银行批准，2010年贵金属纪念币计划发行10个项目，47个品种，其中金币25个品种，银币22个品种。

这10个项目分别为：2010版熊猫金银纪念币、中国古典文学名著——《水浒传》彩色金银纪念币（第2组）、中国2010年上海世界博览会金银纪念币（第2组）、世界遗产——武当山古建筑群金银纪念币、中国石窟艺术（云冈）金银纪念币、深圳经济特区成立30周年金银纪念币、第16届亚洲运动会金银纪念币（第2组）、中国京剧脸谱彩色金银纪念币（第1组）、2010年北京国际邮票钱币博览会纪念银币、2011中国辛卯（兔）年金银纪念币。

2010年贵金属纪念币项目立项继续坚持"总量控制、涵养市场、确保精品"的原则，立项发行的10个项目以重大纪念性题材和中华传统文化题材为主，包括3个固定项目，3个重大题材项目和4个传统文化项目。

各项目的发行要素表

序号	项目名称	材质	形状	重量	最大发行量（枚）	预计发行时间
一	2010版熊猫金银纪念币	普制金币	圆形	1盎司	300000	2009年11月
		普制金币	圆形	1/2盎司	120000	
		普制金币	圆形	1/4盎司	120000	
		普制金币	圆形	1/10盎司	120000	
		普制金币	圆形	1/20盎司	120000	
		普制银币	圆形	1盎司	800000	
		精制金币	圆形	1公斤	200	
		精制金币	圆形	5盎司	1000	
		精制银币	圆形	1公斤	4000	
		精制银币	圆形	5盎司	10000	
二	中国古典文学名著——《水浒传》彩色金银纪念币（第2组）	精制彩色金币	长方形	5盎司	900	2010年3月
		精制彩色金币	圆形	1/3盎司	35000	
		精制彩色银币	长方形	5盎司	12000	
		精制彩色银币	圆形	1盎司	2×70000	
三	中国2010年上海世界博览会金银纪念币（第2组）	精制金币	圆形	5盎司	1000	2010年4月
		精制金币	圆形	1/3盎司	60000	
		精制银币	圆形	1盎司	2×80000	
四	世界遗产——武当山古建筑群金银纪念币	精制金币	圆形	1/4盎司	30000	2010年5月
		精制银币	圆形	1盎司	60000	
五	中国石窟艺术（云冈）金银纪念币	精制金币	圆形	5盎司	800	2010年6月
		精制金币	圆形	1/2盎司	10000	
		精制银币	圆形	2盎司	20000	

序号	项目名称	材质	形状	重量	最大发行量（枚）	预计发行时间
六	深圳经济特区成立30周年金银纪念币	精制金币	圆形	1/4盎司	20000	2010年7月
		精制银币	圆形	1盎司	30000	
七	第16届亚洲运动会金银纪念币（第2组）	精制金币	圆形	1/4盎司	30000	2010年8月
		精制银币	圆形	1盎司	60000	
八	中国京剧脸谱彩色金银纪念币（第1组）	精制彩色金币	圆形	1/4盎司	30000	2010年9月
		精制彩色银币	圆形	1盎司	2×50000	
九	2010北京国际邮票钱币博览会纪念银币	精制银币	圆形	1盎司	30000	2010年10月
十	2011中国辛卯（兔）年金银纪念币	精制金币	圆形	10公斤	18	2010年10月
		精制金币	梅花形	1公斤	118	
		精制金币	长方形	5盎司	118	
		精制彩色金币	圆形	5盎司	1800	
		普制金币	扇形	1/2盎司	6600	
		精制金币	梅花形	1/2盎司	8000	
		精制金币	圆形	1/10盎司	80000	
		精制彩色金币	圆形	1/10盎司	80000	
		精制银币	圆形	1公斤	3800	
		精制银币	长方形	5盎司	1888	
		精制彩色银币	圆形	5盎司	8800	
		普制银币	扇形	1盎司	66000	
		精制银币	梅花形	1盎司	60000	
		精制银币	圆形	1盎司	100000	
		精制彩色银币	圆形	1盎司	100000	

2011年中国贵金属纪念币发行项目

2011年贵金属纪念币计划发行10个项目，62个品种，其中金币32个品种，银币30个品种。

这10个项目分别为：2011版熊猫金银纪念币（另包括新中国航空工业建立60周年熊猫加字金银纪念币、2011西安世界园艺博览会熊猫加字金银纪念币、京沪高速铁路开通熊猫加字金银纪念币、中国金融工会全国委员会成立60周年熊猫加字纪念银币、上海黄金交易所成立10周年熊猫加字金银纪念币）、中国京剧脸谱彩色金银纪念币（第2组）、深圳第26届世界大学生夏季运动会金银纪念币、世界自然基金会成立50周年金银纪念币、清华大学建校100周年金银纪念币、世界遗产——登封"天地之中"历史建筑群金银纪念币、辛亥革命100周年金银纪念币、2011北京国际钱币博览会纪念银币、2012中国壬辰（龙）年金银纪念币、中国古典文学名著——《水浒传》彩色金银纪念币（第3组）。

各项目的发行要素表

序号	项目名称	材质	形状	重量	最大发行量（枚）	预计发行时间
一	2011版熊猫金银纪念币	普制金币	圆形	1盎司	300000	2010年12月
		普制金币	圆形	1/2盎司	200000	
		普制金币	圆形	1/4盎司	200000	
		普制金币	圆形	1/10盎司	200000	
		普制金币	圆形	1/20盎司	200000	
		普制银币	圆形	1盎司	3000000	
		精制金币	圆形	1公斤	300	
		精制金币	圆形	5盎司	2000	
		精制银币	圆形	1公斤	8000	
		精制银币	圆形	5盎司	20000	
	新中国航空工业建立60周年熊猫加字金银纪念币	普制金币	圆形	1/4盎司	5000	2011年4月
		普制银币	圆形	1盎司	20000	
	2011西安世界园艺博览会熊猫加字金银纪念币	普制金币	圆形	1/4盎司	3000	2011年4月
		普制银币	圆形	1盎司	20000	
	京沪高速铁路开通熊猫加字金银纪念币	普制金币	圆形	1/4盎司	10000	2011年6月
		普制银币	圆形	1盎司	30000	
	中国金融工会全国委员会成立60周年熊猫加字纪念银币	普制银币	圆形	1盎司	30000	2011年9月
	上海黄金交易所成立10周年熊猫加字金银纪念币	普制金币	圆形	1/4盎司	6000	2011年10月
		普制银币	圆形	1盎司	30000	
二	中国京剧脸谱彩色金银纪念币（第2组）	精制彩色金币	圆形	1/4盎司	30000	2011年4月
		精制彩色银币	圆形	1盎司	2×50000	
三	深圳第26届世界大学生夏季运动会金银纪念币	精制金币	圆形	1/4盎司	20000	2011年4月
		精制银币	圆形	1盎司	30000	
四	世界自然基金会成立50周年金银纪念币	精制金币	圆形	1/4盎司	10000	2011年6月
		精制银币	圆形	1盎司	30000	
五	清华大学建校100周年金银纪念币	精制金币	圆形	1/4盎司	10000	2011年7月
		精制银币	圆形	1盎司	30000	
六	世界遗产——登封"天地之中"历史建筑群金银纪念币	精制金币	圆形	1公斤	200	2011年8月
		精制金币	圆形	5盎司	1000	
		精制金币	圆形	1/4盎司	30000	
		精制银币	圆形	1公斤	5000	
		精制银币	圆形	1盎司	60000	
七	辛亥革命100周年金银纪念币	精制金币	圆形	1公斤	200	2011年9月
		精制金币	圆形	5盎司	2000	
		精制金币	圆形	1/4盎司	50000	
		精制银币	圆形	1公斤	6000	
		精制银币	圆形	5盎司	12000	
		精制银币	圆形	1盎司	100000	
八	2011北京国际钱币博览会纪念银币	精制银币	圆形	1盎司	30000	2011年10月

续表

序号	项目名称	材质	形状	重量	最大发行量（枚）	预计发行时间
九	2012中国壬辰（龙）年金银纪念币	精制金币	圆形	10公斤	18	2011年10月
		精制金币	梅花形	1公斤	118	
		精制金币	长方形	5盎司	880	
		精制彩色金币	圆形	5盎司	1800	
		精制金币	扇形	1/3盎司	30000	
		精制金币	梅花形	1/2盎司	8000	
		精制金币	圆形	1/10盎司	80000	
		精制彩色金币	圆形	1/10盎司	80000	
		精制银币	圆形	1公斤	3800	
		精制银币	长方形	5盎司	8800	
		精制彩色银币	圆形	5盎司	11800	
		精制银币	扇形	1盎司	80000	
		精制银币	梅花形	1盎司	60000	
		精制银币	圆形	1盎司	180000	
		精制彩色银币	圆形	1盎司	220000	
十	中国古典文学名著——《水浒传》彩色金银纪念币（第3组）	精制彩色金币	圆形	1公斤	200	2011年11月
		精制彩色金币	长方形	5盎司	900	
		精制彩色金币	圆形	1/3盎司	35000	
		精制彩色银币	圆形	1公斤	10000	
		精制彩色银币	长方形	5盎司	12000	
		精制彩色银币	圆形	1盎司	2×70000	
合计	10个项目62个品种。					

2012年中国贵金属纪念币发行项目

经中国人民银行批准，2012年贵金属纪念币计划发行7个项目，50个品种，其中金币27个品种，银币23个品种。

这7个项目分别为：2012版熊猫金银纪念币（包括中国银行成立100周年熊猫加字金银纪念币、华夏银行成立20周年熊猫加字金银纪念币）、中国熊猫金币发行30周年金银纪念币、中国京剧脸谱彩色金银纪念币（第3组）、中国青铜器金银纪念币（第1组）、2012北京国际邮票钱币博览会纪念银币、2013中国癸巳（蛇）年金银纪念币。

各项目的发行要素表

序号	项目名称	材质	形状	重量	最大发行量（枚）	预计发行时间
一	2012版熊猫金银纪念币	普制金币	圆形	1盎司	600000	2011年11月
		普制金币	圆形	1/2盎司	600000	
		普制金币	圆形	1/4盎司	600000	
		普制金币	圆形	1/10盎司	800000	
		普制金币	圆形	1/20盎司	800000	
		普制银币	圆形	1盎司	8000000	
		精制金币	圆形	1公斤	500	
		精制金币	圆形	5盎司	5000	
		精制银币	圆形	1公斤	20000	
		精制银币	圆形	5盎司	50000	
	中国银行成立100周年熊猫加字金银纪念币	普制金币	圆形	1/4盎司	55000	2012年4月
		普制银币	圆形	1盎司	260000	
	华夏银行成立20周年熊猫加字金银纪念币	普制金币	圆形	1/4盎司	10000	2012年10月
		普制银币	圆形	1盎司	50000	
二	中国熊猫金币发行30周年金银纪念币	精制金币	圆形	5盎司	3000	2012年3月
		精制金币	圆形	1盎司	30000	
		精制金币	圆形	1/10盎司	100000	
		精制银币	圆形	5盎司	30000	
		精制银币	圆形	1/4盎司	300000	
三	中国京剧脸谱彩色金银纪念币（第3组）	精制彩色金币	圆形	5盎司	2000	2012年6月
		精制彩色金币	圆形	1/4盎司	30000	
		精制彩色银币	圆形	5盎司	10000	
		精制彩色银币	圆形	1盎司	2×50000	
四	中国青铜器金银纪念币（第1组）	精制金币	圆形	5盎司	2000	2012年8月
		精制金币	圆形	1/4盎司	50000	
		精制银币	圆形	1公斤	6000	
		精制银币	圆形	5盎司	10000	
		精制银币	圆形	1盎司	80000	
五	2012北京国际邮票钱币博览会纪念银币	精制银币	圆形	1盎司	30000	2012年9月
六	2013中国癸巳（蛇）年金银纪念币	精制金币	圆形	10公斤	18	2012年10月
		精制金币	梅花形	1公斤	118	
		精制金币	长方形	5盎司	2000	
		精制彩色金币	圆形	5盎司	3000	
		精制金币	扇形	1/3盎司	30000	
		精制金币	梅花形	1/2盎司	8000	
		精制金币	圆形	1/10盎司	120000	
		精制彩色金币	圆形	1/10盎司	120000	
		精制银币	圆形	1公斤	3800	
		精制银币	长方形	5盎司	20000	
		精制彩色银币	圆形	5盎司	30000	
		精制银币	扇形	1盎司	80000	
		精制银币	梅花形	1盎司	60000	
		精制银币	圆形	1盎司	200000	
		精制彩色银币	圆形	1盎司	220000	

参考文献

[1] 陈新余. 中国钱币学基础[M].南京：南京师范大学出版社,2006.

[2] 张向军. 货币贵族——中国现代金银纪念币[M].北京：中国金融出版社,2009.

[3] 金银币收藏与投资[M].北京：国家行政学院出版社,2010.

[4]《中国金币》杂志[J].北京：中国金融出版社,第1期至第24期.

[5] 中华人民共和国贵金属纪念币图录[M].成都：西南财经大学出版社,2006.

[6] 狄文琦.回顾中国四大古典文学名著贵金属纪念币系列的发行历程[R/OL].[2012-01-29] http://www.chngc.net/Main/D_JBBK.

[7] 叶剑峰. 三十而立,绚烂纷呈——中国熊猫金币发行30周年金银纪念币赏析[R/OL].[2012-04-28] http://www.chngc.net/Main/D_JBBK.

[8] 王斌. 与希拉克略对话——品鉴2011北京国际钱币博览会纪念银币[R/OL].[2011-10-25] http://www.chngc.net/Main/D_JBBK.

[9] 曹真. 人类永远的朋友——珍稀动物金银纪念币赏析[R/OL].[2011-08-30] http://www.chngc.net/Main/D_JBBK.

[10] 运河星辰. 脸谱风采秀,京剧韵味足——中国京剧脸谱彩色金银纪念币（第1组）赏析[R/OL].[2010-09-25] http://www.chngc.net/Main/D_JBBK.

[11] 曹真. 浅谈8克生肖币的收藏价值[R/OL].[2010-06-02] http://www.chngc.net/Main/D_JBBK.

[12] 费东宝. 驼铃悠悠传千秋—2009年北京国际钱币博览会纪念银币赏析[R/OL].[2009-10-10] http://www.chngc.net/Main/D_JBBK.

[13] 陈淼红. 60年历程一路凯歌—历年建国题材纪念币系列赏析[R/OL].[2009-09-16] http://www.chngc.net/Main/D_JBBK.

[14] 曹真. 航空航天题材系列金银纪念币赏析[R/OL].[2011-07-13] http://www.chngc.net/Main/D_JBBK.

[15] 彩金彩银. 浅谈中国现代金银币发展的三个阶段[R/OL].[2011-06-21] http://www.chngc.net/Main/D_JBBK.

[16] 孟固. 浅议贵金属纪念币投资与发行项目的关系[R/OL].[2011-06-01] http://www.chngc.net/Main/D_JBBK.

[17] 乔木. 脸谱金银币投资策略与实战分享[R/OL].[2011-07-29] http://www.jibi.net/news/ZGJBJXSZC.

[18] 乔木. 重温历史，缅怀先驱——漫说辛亥革命金银纪念币[R/OL].[2011-08-04] http://www.jibi.net/news/ZGJBJXSZC.

[19] 叶剑峰. 闲话金银币的艺术美[R/OL].[2011-07-08] http://www.chngc.net/Main/D_JBBK.

[20] 甄伟钢. 美国NGC鉴定评级在中国机制币收藏与投资中的作用[R/OL].[2010-09-28] http://www.jibi.net/News/qbqbcx.

[21] 胡福庆. 中国首套整体设计生肖金银纪念币的问世[R/OL].[2008-12-07] http://www.jibi.net/News/bsjj.

[22] 旅途. 从《三国演义》到《水浒传》—中国古典文学系列金银纪念币的系列收藏与投资[J] 中国金币.2009(2).

[23] 卞一冰. 我国彩色币的由来[J]. 中国金币,2009(2):15-18.

[24] 中国熊猫金币发行30年(1990至2011版) [R/OL].[2012-06-23] http://www.zgddmx.com/news/show.asp.